ÉTUDE
SUR LA LOCOMOTION
AU MOYEN
DU RAIL CENTRAL

CONTENANT LA RELATION

des Expériences entreprises par MM. Brassey, Fell, etc.

pour la traversée du Mont-Cenis

PAR

M. DESBRIÈRE

ANCIEN ÉLÈVE DE L'ÉCOLE POLYTECHNIQUE ET DE L'ÉCOLE DES MINES
ANCIEN INGÉNIEUR
DES COMPAGNIES DE LYON A GENÈVE, DU BOURBONNAIS ET DES CHEMINS DE FER ALGÉRIENS
MEMBRE DE LA SOCIÉTÉ DES INGÉNIEURS CIVILS
SECRÉTAIRE DU COMITÉ DES MAÎTRES DE FORGES DE FRANCE

EXTRAIT des Mémoires de la Société des Ingénieurs civils.

PARIS
LIBRAIRIE SCIENTIFIQUE, INDUSTRIELLE ET AGRICOLE

Eugène LACROIX, éditeur

LIBRAIRE DE LA SOCIÉTÉ DES INGÉNIEURS CIVILS

15, QUAI MALAQUAIS

1865

ÉTUDES
SUR LA LOCOMOTION

AU MOYEN

DU RAIL CENTRAL

CONTENANT LA RELATION

des Expériences entreprises par MM. Brassey, Fell et Cⁱᵉ
pour la traversée du Mont-Cenis

PAR

M. DESBRIÈRE

ANCIEN ÉLÈVE DE L'ÉCOLE POLYTECHNIQUE ET DE L'ÉCOLE DES MINES
ANCIEN INGÉNIEUR
DES COMPAGNIES DE LYON A GENÈVE, DU BOURBONNAIS ET DES CHEMINS DE FER ALGÉRIENS
MEMBRE DE LA SOCIÉTÉ DES INGÉNIEURS CIVILS
SECRÉTAIRE DU COMITÉ DES MAITRES DE FORGES DE FRANCE

EXTRAIT des Mémoires de la Société des Ingénieurs civils.

PARIS

LIBRAIRIE SCIENTIFIQUE, INDUSTRIELLE ET AGRICOLE

Eugène LACROIX, éditeur

LIBRAIRE DE LA SOCIÉTÉ DES INGÉNIEURS CIVILS
15, QUAI MALAQUAIS

1868

TABLE DES MATIÈRES.

AVANT-PROPOS.

L'achèvement du réseau des chemins de fer en Europe a rencontré deux sortes d'obstacles naturels qui ont été, depuis plusieurs années, l'objet de travaux nombreux et importants. Le premier, celui des grands cours d'eau, a été vaincu par la construction des poutres en fer à grande portée et par la fondation des piles en rivière au moyen de l'air comprimé. Pour le second de ces obstacles, celui des grandes chaînes de montagnes, l'art du constructeur a été jusqu'ici moins heureux, et l'on peut dire que la difficulté subsiste encore tout entière. Deux solutions se présentent : la première, caractérisée par l'emploi des faibles pentes et des grands rayons de courbe, implique la construction des longs souterrains. Malgré l'invention et l'application de machines ingénieuses, cette solution est tellement coûteuse et donne des résultats si éloignés et si incertains, qu'elle ne peut être considérée comme définitive, et qu'elle n'a pu être abordée jusqu'ici que par l'intervention directe des gouvernements intéressés.

L'autre solution, qui aborde franchement les fortes pentes et les courbes à petit rayon, économise le temps et l'argent et est à la portée des compagnies financières. Elle repose sur des perfectionnements dans l'art de la locomotion, et n'emprunte rien aux procédés du constructeur, qu'elle simplifie au contraire ou qu'elle rend inutiles.

Nous croyons que cette dernière solution est, au moins pour l'époque où nous nous trouvons, la seule pratique, la seule applicable, qu'elle est, en un mot, la seule voie possible au progrès. Des expériences nombreuses, suivies de rapports officiels, ont prononcé en sa faveur. Cependant, comme en France il ne suffit pas d'énoncer des faits, mais qu'il faut encore, pour réussir à convaincre, faire appel au raisonnement, nous avons cru qu'il y aurait intérêt à faire connaître les faits d'expérience qui consacrent à nos yeux cette solution, et à développer la série de raisonnements et de calculs qui la justifieront, c'est notre espérance, aux yeux des ingénieurs et du public.

Le travail que nous leur soumettons comprend l'analyse d'un mémoire lu par nous sur les premières tentatives expérimentales faites en Angleterre, par M. Fell, pour l'application du rail central; ensuite vient la traduction du rapport du capitaine Tyler, sur les expériences faites au Mont-Cénis; enfin un mémoire qui donne des résultats nouveaux d'expérience, postérieurs à la visite du capitaine Tyler et qui contient les calculs et considérations auxquels conduisent les expériences relatées dans le cours de l'ouvrage.

Paris, 10 octobre 1865.

ANALYSE D'UN MÉMOIRE

LU LE 18 MARS 1864

A LA SOCIÉTÉ DES INGÉNIEURS CIVILS

SUR LES ESSAIS DE WHALEY-BRIDGE

Présidence de M. Petiet.

M. Desbrière, ayant eu récemment l'occasion d'assister en Angleterre à des expériences entreprises en vue de l'application du système de traction à l'aide du troisième rail, a pensé qu'il serait intéressant de faire connaître à la Société des Ingénieurs civils les résultats de ces expériences. Tel est le but de son travail.

Le mémoire de M. Desbrière est divisé en deux parties : la première est consacrée à la description sommaire des procédés employés par M. Fell, et des résultats d'expérience auxquels il est arrivé ; la seconde à la discussion des procédés et des résultats.

Première partie. Les essais ont eu lieu sur le chemin de Cromford à High-Peack (chemin qui dessert la partie du district houiller central ouest, comprenant les villes de Stokport et de Congleton), au point où ce chemin vient se souder à la ligne du Manchester-Sheffield Lincolnshire-railway, c'est-à-dire près de la station de Whaley-Bridge.

Un plan incliné de 1/14 (0^m,072 par mètre) de 180 yards (145^m,80) de longueur, tracé en alignement droit, part de la station de Whaley-Bridge et est desservi par une machine fixe avec câbles et poulies. Ce plan étant à deux voies, de 1^m,45 de largeur, M. Fell a obtenu de la Compagnie l'autorisation d'établir sur les traverses de la voie montante deux rails à l'écartement de 1^m,10, et dans l'axe de cette voie un troisième rail posé à plat. Sur le palier, qui commence au sommet du plan incliné de Whaley-Bridge, M. Fell, se détachant de la ligne de Cromford, a abordé un coteau sur lequel il a établi une rampe dont l'inclinaison moyenne est de 0^m,083 et varie entre 0^m,076 et 0^m,100 par mètre, dont la longueur est de 450 yards (137 mètres) et qui présente en plan quatre courbes et contre-courbes se suivant sans interposition de parties droites et avec un rayon à peu près constant de 50 mètres.

Le rail central est du même modèle que ceux de la voie courante, c'est-à-dire à deux champignons du poids de 36 kilos le mètre. Il est posé à plat, son axe horizontal à $0^m,20$ à peu près au-dessus de la surface du roulement des rails extérieurs.

Il est fixé, par l'intermédiaire de coussinets, à une longrine de $0^m,20$ de hauteur, boulonnée aux traverses de la voie. Sur le premier plan, à inclinaison de 0,072, et en alignement droit, les coussinets sont en fonte et espacés d'un mètre en moyenne ; sur le second plan, où les courbes sont très-roides, les coussinets en fonte ont été remplacés par des coussinets en fer beaucoup plus rapprochés ($0^m,50$ de distance en moyenne).

Le rail est fixé aux coussinets par des boulons qui traversent son axe, les coussinets sont fixés à la longrine au moyen de chevillettes en fer.

Les joints de ce rail sont maintenus à l'aide d'éclisses du modèle ordinaire. Près des joints, les coussinets sont écartés d'environ $1^m,20$, au lieu de $0^m,50$.

La locomotive est une machine tender pesant vide $14^t,4$ et $16^t,5$ avec l'eau et le charbon.

La surface de chauffe totale est de $44^m,85$.

Elle est alimentée par un injecteur Giffard placé horizontalement à la partie supérieure de la boîte à feu. Les soutes à eau sont placées près du corps cylindrique.

La machine se compose réellement comme mécanisme de deux machines distinctes, ayant chacune ses cylindres, son régulateur et son levier de changement de marche. La première est destinée à agir par l'adhérence naturelle que donne le poids de la machine sur les rails de la voie ; la seconde, par l'adhérence artificielle que donne la pression latérale sur le rail central.

La première machine est à deux cylindres extérieurs de 11 pouces 3/4 ou $0^m,298$ de diamètre, 18 pouces ou $0^m,457$ de course, à quatre roues couplées dont le diamètre de roulement est de 2 pieds 3 pouces ($0^m,606$), l'écartement des essieux étant de 5 pieds 3 pouces ($1^m,604$).

La seconde machine est également à deux cylindres, disposés, entre les roues, sur un même axe horizontal parallèle à l'axe longitudinal de la chaudière. L'un est situé sous la boîte à fumée, l'autre un peu en avant de la boîte à feu ; les tiges de leurs pistons sont dirigées l'une vers l'autre ; celle du cylindre d'avant agit par l'intermédiaire de deux bielles à double fourche articulées sur la même crosse, sur les manivelles d'un premier système de deux roues horizontales placées de part et d'autre du rail central, et dont les jantes, munies de boudins à la partie inférieure, sont en contact avec les deux surfaces de roulement de ce rail ; celle du cylindre d'arrière agit sur un second système semblable. Deux bielles d'accouplement, parallèles à l'axe longitudinal de la chaudière, réunissent l'une des deux roues horizontales de gauche, l'autre celles de droite. Au milieu de la longueur de ces bielles sont placés des tourillons sur lesquels s'articulent deux bielles motrices à double fourche qui viennent se réunir sur la crosse du cylindre d'arrière, dont le piston agit ainsi en concordance avec le piston du cylindre d'avant.

Afin de passer les points morts facilement, les roues horizontales portent à la partie inférieure un second système de manivelles calées à angle droit sur les manivelles supérieures et de dimensions plus faibles.

Le peu d'espace dont on disposait pour l'installation de ce mécanisme a forcé à s'écarter, pour les dimensions relatives des bielles et des manivelles, des proportions adoptées dans la pratique ; il en résulte une très-grande obliquité entre les bielles et les manivelles dans certaines positions et par suite de fortes variations dans la pression des roues horizontales sur le rail central et dans l'effort de traction qui en résulte.

Le diamètre des roues horizontales est de 1 pied 4 pouces (0ᵐ,406), celui des cylindres agissant sur ces roues de 11 pouces (0ᵐ,279), la course des pistons de 12 pouces (0ᵐ,305).

Chacune des roues horizontales est calée sur un arbre vertical très-court terminé par deux tourillons frottant dans des coussinets en bronze. Ces coussinets sont mobiles dans des glissières ; ils sont poussés vers le rail central par des ressorts en spirale, dont une disposition particulière permet de régler la tension au moyen d'un volant à manivelle placé à proximité du mécanicien.

Cette tension peut être portée à 3 tonnes par roue, soit 12 tonnes pour les 4 ; elle n'était dans les expériences que de 2 tonnes par roue ou 8 tonnes en tout.

Des boîtes à sable ordinaires permettent d'augmenter l'adhérence sur les rails latéraux ; on entraîne également du sable sur le rail central au moyen d'un jet de vapeur.

La machine est munie de deux freins. Le premier et le plus énergique se compose de deux sabots en fonte disposés de part et d'autre du rail central, et s'en rapprochant sous l'action d'un système de leviers et de vis pouvant déterminer une très-forte pression. Malheureusement ce frein avait été placé à une des extrémités de la machine, de sorte qu'il ne peut servir qu'en ligne droite. Il faut donc en courbe recourir au second frein qui se compose d'un simple sabot en bois agissant, à l'aide d'une vis de pression, sur le bandage d'une des roues verticales de l'essieu d'arrière.

Les wagons pèsent vides 2ᵗ 1/2, qui avec 4ᵗ 1/2 de chargement forment un poids total de 7ᵗ. Ce sont de simples cadres, avec tampons secs, à roues en fonte et munies de ressorts ordinaires de suspension. Chaque wagon est muni d'un frein à main ordinaire, agissant sur deux roues simplement. L'écartement des essieux est de 1ᵐ,60 environ. Chaque wagon est muni à son centre, et, sous le châssis, de quatre galets directeurs destinés à agir sur le rail central et à empêcher dans les courbes les bourrelets des roues de frotter contre les rails extérieurs.

M. Desbrière rend compte ensuite des essais auxquels il a assisté le 23 janvier 1864.

La machine arrêtée au pied de la rampe de 0,072 a facilement remonté cette rampe en remorquant 4 wagons de 7ᵗ, malgré l'oxydation des rails qui diminuait l'adhérence.

Le train a parcouru le palier, et arrivé au pied de la rampe de 0ᵐ,083 à 0ᵐ,100, les wagons étant dételés, la machine a été lancée seule sur la rampe en faisant agir seulement le mécanisme extérieur ; la machine s'est élevée de quelques mètres ; mais l'adhérence ayant manqué, elle s'est arrêtée ; on a ouvert alors le régulateur du mécanisme intérieur, et la machine a remonté la rampe avec la plus grande facilité. L'essai a été répété plusieurs fois, et la vitesse a été évaluée par les assistants à 20 kilomètres à l'heure.

La machine a ensuite remonté un, puis deux wagons, à une vitesse de 15 à 17 kilomètres, ensuite trois et quatre wagons (soit en la comprenant 44ᵗ de poids brut) à une vitesse d'abord évaluée de 10 à 12 kilomètres, mais que des observations plus précises ont montré n'être que de 8 kilomètres. Cette dernière expérience est de beaucoup la plus intéressante, puisqu'elle donne la limite de puissance de la machine.

A chaque expérience, la machine redescendait et remontait plusieurs fois la rampe, s'arrêtait au milieu de sa longueur par le serrage des freins, puis repartait les freins serrés, le train partie en courbe, partie en contre-courbe, et toujours avec une égale facilité.

Pendant toutes ces expériences, la pression sur les roues horizontales a été maintenue à 2ᵗ sur chaque roue. L'état du feu était excellent. La pression du manomètre n'est jamais descendue au-dessous de 7 à 8 atmosphères effectives. Le temps était beau ; toutefois, au début, la surface des rails était recouverte d'une couche pulvérulente d'oxyde qui diminuait l'adhérence ; mais elle n'a pas tardé à disparaître. Rien dans la voie ni dans la machine n'a paru souffrir ; lorsque le train redescendait machine en queue, les galets du wagon de tête dirigeaient parfaitement le train le long du rail central, et les boudins étaient toujours éloignés des bords des rails de la voie.

De temps en temps, on remarquait du patinage, tantôt sur les rails de la voie, tantôt sur le rail central. On pouvait alors observer des traces de détérioration sur les rails et les bandages. M. Desbrière attribue ces effets fâcheux à l'indépendance des deux mécanismes ; l'intention de M. Fell est de les rendre solidaires à l'avenir ; mais la première machine construite étant une machine d'essai, il y avait intérêt à étudier à part les deux systèmes de progression par adhérence, c'est ce qui a conduit à l'indépendance des mécanismes.

Deuxième partie. — M. Desbrière cherche d'abord à déterminer quel a été le coefficient d'adhérence dans l'expérience où la machine, usant de ces deux mécanismes, a remorqué le train brut de 44 tonnes sur la pente de 83 millimètres ; se fondant d'abord sur l'expérience où la machine, usant de l'adhérence naturelle donnée par le poids, n'a pas réussi à se remonter elle-même sur cette rampe, il en conclut une résistance de 30 kilog. par tonne de pression pour le mécanisme intérieur. Admettant 3 kilog. par tonne pour les wagons, et 9 kilog. par tonne pour la résistance du mécanisme extérieur, il arrive au chiffre de 10^k,50 comme résistance moyenne du train brut, en palier et en ligne droite. Ajoutant 6^k,50 pour les courbes et 83 kilog. pour la gravité, la résistance totale s'élèverait alors à 100 kilog. par tonne, ce qui suppose 4,400 d'effort de traction. La machine pesant 16 tonnes moyennement, l'adhérence utilisée a été d'environ 0,18.

M. Desbrière cherche ensuite quel a été, dans cette même expérience, le travail effectif de la vapeur, et quelle consommation on en peut déduire dans l'unité de temps. La pression effective ayant été de 7 atmosphères et demi, et la vitesse de 8 kilomètres à l'heure, ou 2^m,22 par seconde, il trouve, en admettant la détente à moitié de la course, un travail théorique de 6,570 kilogrammètres pour le mécanisme extérieur, et de 7,000 kilogrammètres pour le mécanisme intérieur. En tout, 13,570 kilogrammètres. Le travail effectif à réaliser étant de 4,400 × 2^m,22 ou 9,760 kilogrammètres, devrait donc être environ 70 centièmes du travail théorique.

Quant à la consommation de vapeur par heure, elle serait de 237 mètres cubes 984 pour les cylindres extérieurs, et de 236 mètres cubes 232 pour les cylindres intérieurs; en tout 474 mètres cubes 216. A la pression de 7 atmosphères et demi, le poids de 1 mètre cube de vapeur étant de 3^k,717, on en conclut 1,662 kilogrammes d'eau vaporisée par heure, ce qui revient à 44 litres par mètre carré de surface de chauffe et par heure. M. Desbrière conclut de ces chiffres, qui ne dépassent pas sensiblement les moyennes admises et résultant de l'expérience, qu'avec du combustible de bonne qualité la machine pourrait soutenir la vitesse de 8 kilomètres à l'heure avec un train brut de 44 tonnes, et que, sous ce rapport, l'expérience faite n'est pas, comme on aurait pu le penser, un tour de force obtenu en faisant produire à la machine, pendant un faible parcours, un développement de travail qu'elle n'aurait pas pu entretenir sur une plus grande étendue.

Arrivant au principe même du système, M. Desbrière montre que la machine de M. Fell pèse 188 kilog. par force de cheval, tandis que la machine à quatre cylindres de M. Petiet ne pèse pas plus de 120 kilog. par force de cheval. Ce résultat est dû à la présence du mécanisme intérieur, et constitue une infériorité inévitable pour la machine Fell. Jamais cette machine ne pourra atteindre, et à plus forte raison dépasser les allégements acquis pour les locomotives ordinaires, puisqu'elle se compose d'une machine ordinaire à laquelle s'ajoute le surcroît de poids du mécanisme intérieur. Une autre infériorité manifeste, c'est la résistance additionnelle développée par ce même mécanisme, et qui, dans une expérience, n'a pas été inférieure à 30 kilog. par tonne de pression, alors que les locomotives les plus défectueuses sous ce rapport n'ont jamais donné plus de 20 kilog. Ces deux défauts propres au système du troisième rail ont été prévus par tout le monde; mais les expériences de M. Fell permettent d'en faire la part, et de voir quelle réduction elles apportent à la puissance de la machine.

Or, étant donné une chaudière de locomotive d'une surface de chauffe déterminée, et par suite d'un poids donné, capable d'une production de vapeur également déterminée, on conçoit que le travail effectif de la vapeur équivaut au produit de deux facteurs, l'un la vitesse de marche, l'autre l'effort de traction. Si l'on veut transmettre ce travail aux roues d'une locomotive ordinaire agissant par son poids, on comprend qu'il est impossible de réduire la vitesse au-dessous d'une certaine limite, parce qu'alors l'effort de traction dépassant la limite de l'adhérence, la machine patinerait, à moins de la surcharger par du lest. Si, au contraire, on transmet ce travail au mécanisme d'une machine agissant partie par son poids, partie par touage sur un rail central, la vitesse peut être réduite, et l'effort de traction accru d'une manière en quelque sorte indéfinie; et le minimum de pression à appliquer sur le rail central est déterminé par la condition de compenser la perte de force qu'occasionne le supplément de poids dû au mécanisme intérieur, et l'excès de résistance propre à ce mécanisme.

En appliquant ces principes aux essais de Whaley-Bridge, en comptant le supplément de poids donné par le mécanisme intérieur à 2 tonnes, et la résistance de ce mécanisme à 30 kilog. par tonne de pression, M. Desbrière fait voir que sur la pente de 83 millimètres, la machine Fell peut développer, avec 8 tonnes de pression sur le rail central, un effort de traction de 4 tonnes et demie supérieur à ce qu'il aurait été si ces 8 tonnes de pression avaient été obtenues par une surcharge donnée aux roues verticales. Avec 12 tonnes de pression, le gain serait de 8 tonnes environ.

Ayant essayé de traduire ces résultats par des courbes, dont les ordonnées seraient les efforts à développer pour la traction d'un même train de 100 tonnes sur diverses rampes, et ayant tenu compte de la variation du coefficient de résistance moyen du train avec la pente, variation due à l'influence de plus en plus prédominante de la machine dans le train brut, et à la supériorité de sa résistance propre sur celle des wagons, M. Desbrière soumet à la Société diverses courbes obtenues avec les coefficients d'adhérence, 0,10, 0,12, 0,15, 0,20. M. Desbrière fait voir que l'allure des courbes est toute différente quand on fait varier le coefficient d'adhérence, et que dans le cas de l'adhérence 0,10, la supériorité du plan incliné, avec câble et poulies, sur la machine locomotive, commence pour des inclinaisons comprises entre 35 et 40 millimètres.

En ce qui concerne le système de touage par le troisième rail, personnifié par une locomotive ayant une pression complémentaire *égale à son propre poids*, M. Desbrière fait voir qu'en palier et pour les pentes au-dessous de 40 millimètres, l'avantage de ce système sur la locomotive ordinaire est insignifiant, quel que soit le coefficient d'adhérence; qu'au delà l'avantage devient sensible, et sur la machine ordinaire et sur le plan incliné, pour des coefficients d'adhérence compris entre 0,10 et 0,15; qu'enfin, lorsque le coefficient d'adhérence varie de 0,15 à 0,20, l'avantage des deux systèmes de locomotive sur le plan incliné est de plus en plus sensible, mais que l'avantage du touage par le troisième rail sur la loco-motive ordinaire va sans cesse en diminuant. D'où il suit, qu'un accrois-sement artificiel d'adhérence par les boîtes à sable ou tout autre procédé, permettrait à la locomotive de conserver sa supériorité sur tous les sys-tèmes de traction connus, et de ne présenter qu'une infériorité insigni-fiante vis-à-vis du touage par le troisième rail. C'est ainsi, pour le dire en passant, que peuvent s'expliquer les résultats surprenants de l'exploi-tation du chemin de fer de Richmond à l'Ohio, où des pentes de 7 cen-timètres sont franchies couramment par des locomotives. C'est dans l'adhérence exceptionnelle donnée par le climat qu'il faut chercher l'explication de ces faits.

M. Desbrière termine en faisant remarquer la différence considérable des résultats d'expérience qu'il a fait connaître avec ceux annoncés à l'Académie des sciences, par M. le baron Séguier, dans la séance du 11 janvier dernier, et où il n'était question que d'une pente de 50 milli-mètres remontée par une machine de 15 tonnes avec un train utile de 30 tonnes à une vitesse de 10 kilomètres. La vitesse s'est trouvée réduite à 8 kilomètres, mais la pente a été portée à 83, soit deux tiers en sus de celle annoncée par M. Séguier.

M. le Président, ayant demandé si les pièces de la machine de M. Fell étaient capables de résister à un service pénible et prolongé, M. Desbrière répond que la machine Fell était essentiellement une machine expéri-mentale; il ajoute que M. Fell en a étudié une propre à un service régu-lier, et il donne lecture d'une lettre signée d'un des premiers construc-teurs anglais, s'engageant à livrer pour le Mont-Cenis des machines de ce système, capables de traîner un train brut de 40 tonnes, machine comprise, à la vitesse de 12 kilomètres, ou un train brut de 50 tonnes à la vitesse de 9 kilomètres. La surface de chauffe serait de 640 pieds car-rés (60 mètres environ), et le poids de la machine inférieur à 20 tonnes, en y comprenant l'eau de la chaudière, plus 2 tonnes d'eau, et 1/2 tonne de coke comme approvisionnement.

RAPPORT[1]

DU CAPITAINE TYLER (DU CORPS ROYAL DU GÉNIE) AU BOARD OF TRADE,

SUR LE CHEMIN DE FER PROPOSÉ PAR MM. BRASSEY ET Cie

POUR LA TRAVERSÉE DU MONT CENIS.

Imprimé par ordre de la Chambre des Communes, 23 Juin 1865.

Whitehall, n° 1, 12 juin 1865.

J'ai l'honneur d'informer les lords du Board of Trade que, conformément aux instructions renfermées dans leur dépêche du 4 février dernier, je me suis rendu au mont Cenis, et j'ai assisté aux expériences relatées dans la lettre du 18 juin dernier de M. Fell à sir Charles Wood, et qui ont eu lieu sur le chemin de fer expérimental établi sur le côté français de la montagne. Je viens maintenant rendre compte du résultat des expériences faites jusqu'à ce jour et de l'opinion que j'en ai conçue.

Il y a actuellement entre Saint-Michel et Suze une interruption de 47,6 milles anglais (77 kilomètres) dans les communications par chemin de fer de la France à l'Italie. Le temps accordé aux diligences, en vertu de leurs traités pour faire ce trajet, est de 9 heures en été, et de 10 heures 1/2 en hiver. Le passage de la montagne, qui commence du côté de la France à la hauteur de Lanslebourg, se fait par une excellente route de 9 à 10 mètres de largeur (c'est-à-dire 30 ou 42 pieds anglais), présentant une pente moyenne de 1/13 (0,077); mais le service est fort contrarié

1. Le rapport qu'on va lire est dû à l'habile ingénieur qui remplit en Angleterre l'un des trois postes d'inspecteur des chemins de fer du Royaume-Uni. Il avait reçu la mission d'étudier, au point de vue des intérêts anglais, le chemin de fer de Saint-Michel à Suze. Une mission analogue a été confiée à des commissions spéciales par les gouvernements français, italien, autrichien et russe. Le rapport du commissaire anglais, remarquable d'ailleurs par la justesse et l'étendue des aperçus, ayant été publié le premier, nous en présentons une traduction complète. Nous le ferons suivre de résultats d'expériences dont le commissaire anglais n'a pas eu connaissance, et qui complètent son travail; nous y joindrons ensuite des considérations et des calculs dans lesquels nous avons essayé de présenter sous son vrai jour la question très-controversée jusqu'ici, de la traction par machine à rail central.

pendant l'hiver par la neige. Dans certains cas il y a de grands dangers à courir par la chute des avalanches et la difficulté de diriger les lourdes diligences sur la neige et la glace à la descente ; le service est alors fait par des traîneaux, et, dans ce cas, la durée du trajet est incertaine, car elle dépend complétement de l'état du temps.

Le grand souterrain des Alpes, comme leurs Seigneuries le savent, est en voie de construction entre Modane et Bardonnèche et doit avoir pour résultat de rendre plus rapide et plus sûre la traversée de la montagne.

Le souterrain doit avoir une longueur totale de 12,220 mètres (soit 7 milles 593). Je profitai de l'occasion pour le visiter, et je trouvai que les fronts d'attaque étaient à l'avancement de 2,011 mètres du côté de Modane et à 2,700 mètres du côté de Bardonnèche, laissant encore 7,509 mètres à percer (environ 4 2/3 milles anglais).

Les machines perforatrices du souterrain, ingénieuse création de MM. Sommellier, Grandis et Grattoni, sont mues par l'air comprimé à la pression de 5 atmosphères, au moyen de roues hydrauliques situées dans la vallée inférieure et éloignées d'environ 1 mille 1/2 (2,400 mètres) des machines. L'avancement s'obtient à la manière ordinaire, par des explosions successives de poudre, dès que les trous, qui ont 3 pieds environ de profondeur, ont été percés dans le roc et bourrés.

Pour donner une idée de ce qu'est ce travail, je dirai qu'au moment de ma visite, une force de 400 chevaux, développée par les 5 roues hydrauliques de Modane, était employée à transmettre seulement 20 chevaux de force aux neuf perforatrices et à produire en même temps une ventilation très-imparfaite dans le souterrain, excepté toutefois dans l'endroit où les machines perforatrices travaillent. J'ajouterai que l'on a dépensé plus de 200,000 francs à l'établissement de réservoirs à air, destinés à contenir la provision nécessaire au travail d'une demi-journée dans le souterrain. Ces réservoirs se remplissent dans les intervalles de temps pendant lesquels les machines à perforer la roche ne travaillent pas.

En se basant sur la vitesse à laquelle on a marché jusqu'ici et sur la nature probable de la roche, on ne peut pas supposer, même en ne tenant pas compte des difficultés extraordinaires de la ventilation et de celles causées par l'eau, difficultés qui peuvent se rencontrer, que le souterrain puisse être terminé avant 7 ou 8 ans. Il y a aussi d'autres travaux, comprenant plusieurs souterrains, à exécuter pour les abords du souterrain principal. L'exécution de ces travaux demandera elle-même encore bien des années. Dans ces circonstances, M. J.-B. Fell a proposé aux gouvernements français et italien, au nom de MM. Brassey et Cie, de construire un chemin de fer sur le Mont-Cenis, entre Saint-Michel et Suze, destiné à servir en attendant l'achèvement du grand souterrain et de ses abords.

M. Fell n'a demandé de subvention à aucun des deux gouvernements, car la compagnie dont il fait partie compte tirer de ce travail, indépendamment de l'amortissement et de l'intérêt du capital dépensé, des bénéfices importants pendant le temps qui s'écoulera jusqu'à l'achèvement du souterrain. Les tarifs suivants ont été accordés provisoirement par les gouvernements intéressés pour toute la période de la concession :

Par voyageur, coupé. . . . . 27 fr.
— — première classe. 25
— — deuxième classe 22
— — troisième classe. 18

Par tonne de marchandise :

Grande vitesse.. . . . . 77 fr.
Petite vitesse. 40
Marchandises hors classe. . . . . de 20 à 30

Mais les pentes étaient telles qu'elles ne pouvaient être franchies par aucune locomotive du système ordinaire, c'est-à-dire ne prenant que par son poids d'adhérence nécessaire entre les roues et les rails. On pensa que le meilleur moyen d'obtenir l'adhérence supplémentaire serait de ressusciter un système breveté depuis longtemps, mais jamais appliqué, qui consiste à poser entre les deux rails ordinaires un troisième rail sur lequel agissent des roues horizontales disposées sous la machine. En conséquence une machine fut construite d'après un des nombreux dessins brevetés et décrits par M. Fell ; elle avait deux paires de roues horizontales, ainsi que deux paires de roues verticales. Une ligne d'essai de 880 yards (720 mètres) fut posée dans le Derbyshire, sur le *Cromford and High-Peak Railway* avec la permission et le concours de la Compagnie du *London and North Western Railway*. La voie avait 3 pieds 7 pouces 5/8 (1ᵐ,40) ; il y avait 180 yards (167 mètres) de ligne droite, combinés avec une pente de 1/135 (0,074) et 150 yards (130 mètres) de courbes ayant un rayon de deux *chains* 1/2 à trois *chains* 1/2 (50 à 70 mètres) sur une pente de 1/12 (0,083). Le troisième rail de cette voie était posé à plat à 7 pouces 1/2 (0,187) au-dessus du niveau des deux rails ordinaires, afin de pouvoir être serré par les deux roues horizontales de la machine. Pendant le cours des essais, qui eurent lieu du mois de septembre 1863 au mois de février 1864, la première machine construite, travaillant avec une pression de 120 livres par pouce carré (8 atmosphères), put toujours remorquer une charge de 24 tonnes sur les pentes et dans les courbes dont nous venons de donner le détail. Le maximum de charge qu'elle ait pu traîner a été de 30 tonnes.

Les cylindres extérieurs qui agissaient sur les 4 roues verticales, dont la charge s'élevait à 16 tonnes quand la machine avait tous les approvisionnements au complet, ne pouvaient remorquer avec la machine qu'un wagon de 7 tonnes (brut) ; l'aide des cylindres intérieurs, agissant sur les roues horizontales, dont la pression sur le rail central s'élevait à 12 tonnes, permettait à la machine de remorquer 24 tonnes le même jour et dans les mêmes conditions. Les cylindres intérieurs travaillant seuls réussissaient à faire passer la machine seule dans les courbes, ce qui équivalait à la traction d'une charge d'environ 17 tonnes ; les cylindres extérieurs pouvaient, comme nous l'avons dit, en remorquer 23. Ces deux nombres sont sensiblement proportionnels aux pressions respectives appliquées aux roues verticales d'une part et horizontales de l'autre.

Comme j'aurai occasion de décrire cette machine en détail ci-après, avec les perfectionnements qui y ont été apportés depuis, j'ajouterai seulement ici que les expériences du *High Peak Railway* ont été tellement satisfaisantes, qu'il fut décidé, avec la permission du gouvernement français et pour son édification, qu'on les répéterait sur une échelle plus étendue, sur la route du Mont-Cenis. Déjà, en effet, le gouvernement italien avait accordé la concession de la route, pour la partie méridionale de la montagne, à la condition que la concession serait obtenue du gouvernement français pour la partie française. Le gouvernement français, à son tour, promit cette concession, après quelques pourparlers et quelques délais, à la condition que le système serait démontré praticable.

La ligne d'essai qui a été construite sur le Mont-Cenis est située entre Lanslebourg et le sommet. Elle commence à la hauteur de 1,622 mètres au-dessus du niveau de la mer et se termine à une élévation de 1,773 mètres. Elle a près de 2 kilomètres ou 1 mille et 1/4 de longueur, la pente moyenne sur toute cette longueur est de 1/13 (0,077), la pente maximum étant de 1/12 (0,083). Elle passe autour d'un angle aigu formé par la route et réunissant deux zigzags de la rampe, avec une courbe d'un rayon de 40 mètres environ. Excepté en cet endroit, elle est placée sur le côté extérieur de la route occupant une largeur de 3 mètres 1/2 à 4 mètres, et réservant 5 mètres au moins de libres pour la circulation sur la route.

La portion qui reste de la route paraît être parfaitement suffisante pour le trafic actuel. Les diligences et les autres véhicules ne traversent pas la montagne avec plus de difficulté qu'auparavant, et ils ont de plus la sécurité donnée par la clôture du chemin de fer, qui s'interpose entre la route et le précipice. On n'a pas rencontré de difficulté sérieuse à faire circuler une locomotive si près de la route, et comme ce sont toujours les mêmes chevaux et mulets qui font le service de la montagne, ils seront tous les jours plus habitués au passage des trains. Pendant trois mois de circulation, aucun accident ne paraît être arrivé. Le mouvement sur la route sera nécessairement beaucoup plus faible après l'ouverture du chemin de fer. Il n'y a donc aucun doute que la portion restante ne suffise alors amplement à tous les besoins.

Cette ligne d'essai a été à dessein construite sur le point le plus difficile de la partie de la route où l'on se propose de laisser la voie non couverte et elle a été éprouvée complétement relativement aux difficultés provenant de la neige, par les très-mauvais temps qui ont régné dans la première partie de la présente année. On pouvait à peine s'attendre à un aussi bon résultat. L'adhérence s'est trouvée, en hiver, meilleure que celle sur laquelle on peut compter en été. Quand la neige a été enlevée des rails dans les mauvais temps, elle les laisse secs, et dans de bonnes conditions, tandis que la poussière de la route, surtout quand elle est mélangée d'eau, les rend relativement gras et glissants.

Cette voie est posée à l'écartement de 1 mètre 10 cent. (3 pieds, 7 pouces 5/8), en rails prêtés par la compagnie du chemin de fer Victor-Emmanuel; ces rails sont à deux champignons inégaux et pèsent environ 36 kilos par mètre courant. Les rails extérieurs sont éclissés aux joints et supportés par des coussinets en fonte, chevillés à la manière ordinaire sur des traverses en bois espacées d'environ 1 mètre. A part les fortes pentes et les courbes roides, la seule particularité que présente cette voie consiste dans l'addition d'un rail central (du même profil que les rails extérieurs) et qui est posé à plat dans l'intervalle des deux autres et à une hauteur de 7 pouces 1/2 (0,187) au-dessus de leur niveau. Ce rail est porté par des coussinets (les uns en fer, les autres en fonte); ceux de joint pèsent 10 kilos, les intermédiaires 8 kilos.

Ces coussinets ont été posés à l'écartement de 6 pieds (1 m. 80) dans les parties droites, et de 2 à 3 pieds (0 m. 60 à 0 m. 90) dans les courbes; les joints du rail central ne sont pas encore pourvus d'éclisses; mais on se propose d'éclisser ces joints et, sur la voie définitive, d'espacer les coussinets de 3 pieds (0 m. 90) dans les parties droites et de 1 pied 6 pouces (0 m. 45) dans les courbes; de plus, ils seront fixés à la longrine sur laquelle ils reposent au moyen de boulons verticaux. La longrine a 8 pouces (0 m. 20) sur 12 pouces (0 m. 30) et elle est fixée par des broches aux traverses. Ce mode de fixation sera amélioré sur la voie définitive.

Comme rail central, le profil du Victor-Emmanuel était très-peu convenable. Le champignon inférieur présente, en effet, des angles vifs sur lesquels a lieu le contact des roues horizontales de la machine; ces rails d'ailleurs sont d'un fer très-dur sur lequel l'adhérence subit une diminution notable; mais il y avait intérêt à se les procurer dans le pays et on doit admettre que les rails qui figureront sur la voie définitive seront bien préférables.

La pente moyenne de la ligne entière, de Saint-Michel à Suze (en supposant le point de faîte au milieu) est de 1/25,6 (0,039). La pente la plus forte est de 1/12 (0,083), et l'on se propose de placer un troisième rail partout où la pente dépassera 1/25 (0,040).

La longueur de la ligne expérimentale est de 1,960 mètres; les parties en courbe forment un total de 850 mètres; sur ce nombre, 160 mètres présentent des rayons de courbure qui varient entre 40 et 81 mètres;

sur les 400 autres mètres, le rayon minimum est de 100 mètres. Sur la ligne entière, entre Saint-Michel et Suze, la longueur en courbe sera, proportion gardée, beaucoup moindre. M. Fell se propose de réduire les rampes dans les courbes les plus roides en reportant les différences de niveau sur les parties droites contiguës, sans dépasser pourtant la pente de 1/12 (0,083). Par cet artifice on diminuera sensiblement la résistance à la traction dans les courbes les plus roides, et cette résistance dans les différentes parties de la ligne sera plus uniforme, les courbes les plus roides ne coïncidant jamais avec les pentes les plus fortes.

Il y aura 10 passages à niveau, dont 6 en pente plus forte que 1/25 (0,040). Sur quelques-uns de ces passages on supprimera complétement le rail central; sur les autres, on établira des plans inclinés qui permettront aux véhicules et aux animaux de traverser le chemin de fer.

La longueur totale des parties couvertes doit être de 12 à 15 kilomètres (mais les devis ont été établis en prévision du chiffre le plus élevé). Dans les points où la neige n'atteint pas une trop forte épaisseur, c'est-à-dire sur environ 5 kilomètres, la couverture sera entièrement en bois; sur ceux où la neige s'accumule en masses épaisses, c'est-à-dire sur 7 kilomètres, on emploiera des couvertures mixtes en bois et fer; enfin les 3 derniers kilomètres, qui correspondent aux points où ont lieu les chutes d'avalanches, seront couverts par de fortes voûtes en maçonnerie.

Il n'existe pas de relevés exacts des quantités de neiges qui tombent sur le Mont-Cenis; mais on sait que la dépense de déblaiement de la route est actuellement de 12,000 francs par an, tandis qu'elle s'élève à 31,900 francs sur le Saint-Gothard. La dépense de déblaiement du chemin de fer et les difficultés que la neige y opposera à la circulation seront peu de chose, si on les compare à ce qui a lieu actuellement sur la route, et cela pour plusieurs raisons. En premier lieu, dans les parties de la montagne où la neige donne les plus grandes difficultés, le chemin de fer sera couvert; 2° dans les parties non couvertes le chemin de fer sera du côté du précipice. Enfin les locomotives seront employées avantageusement pour pousser les charrues à neige, quand de la neige tombée récemment rendra leur emploi indispensable. La dépense d'enlèvement de la neige sur la ligne du Semmering ne dépasse pas par an 200 fr. par kilomètre.

J'arrive maintenant à la description des deux locomotives qui sont en service d'essai au Mont-Cenis. L'étude en a été faite en vue de trois objets principaux : 1° obtenir la plus grande puissance jointe au plus faible poids, de manière à se réserver la plus grande marge possible pour la charge à remorquer sur les fortes pentes; 2° obtenir une adhérence supplémentaire, indépendamment du poids, au moyen de roues horizontales pressées contre le rail central par des ressorts agissant sur leurs boîtes à graisse; 3° circuler à faible vitesse dans les courbes les plus roides.

Le poids de la machine n° 1 vide est de 14,854. Son poids avec sa charge complète d'eau et de coke est de 16,784 kilog. La chaudière a 7 pieds 9 pouces 1/2 (2 m. 365) de longueur, et 2 pieds 9 pouces (0 m. 833) de diamètre : elle contient 100 tubes ayant un diamètre extérieur de 1 pouce 1/2 (0 m. 037). Sa surface de chauffe est de 420 pieds carrés (39 m. 246); la surface de la grille est de 6 pieds 6 pouces carrés (0 m. 604). Elle porte 4 cylindres, deux extérieurs de 11 pouces 3/4 (0 m. 298) de diamètre avec une course de 18 pouces (0 m. 457) agissant sur 4 roues verticales couplées de 2 pieds 3 pouces de diamètre (0 m. 685); les essieux sont à l'écartement de 5 pieds 3 pouces (1 m. 601); deux cylindres intérieurs de 11 pouces (0 m. 279) de diamètre avec course de 12 pouces (0 m. 305), agissant sur 4 roues horizontales couplées de 1 pied 4 pouces (0 m. 406) de diamètre; l'écartement de ces roues, d'axe en axe, est de 1 pied 7 pouces (0 m. 485). La pression donnée aux roues horizontales est actuellement de 16 tonnes, soit 4 de plus que la pression antérieurement appliquée. Cette pression est ainsi à peu près équivalente à la charge de la machine sur les roues verticales. Cette machine a été également pourvue de galets directeurs agissant sur le rail central.

Cette locomotive présente des conditions de service très-défavorables; son mécanisme trop ramassé rend difficile l'entretien et les réparations; sa surface de chauffe n'est pas suffisante pour le service rapide sur le Mont-Cenis; enfin, l'huile du mécanisme tombe sur les roues horizontales et diminue, jusqu'à un certain point, leur adhérence. Mais néanmoins elle a servi à démontrer l'exactitude du principe qu'elle avait pour but de vérifier ou d'établir et, eu égard à la nouveauté de l'entreprise, le succès obtenu par elle est réellement surprenant.

Dans l'espace de deux jours, j'ai descendu et remonté six fois avec cette machine la longueur de la ligne expérimentale. Le train remorqué se composait de trois wagons, présentant un poids brut total de 16 tonnes. La moyenne de ces expériences a été la suivante : les 1,800 mètres ont été remontés en 8 minutes 1/8; la pression s'est abaissée de 14 livres (0 atmosphères 93); le niveau de l'eau, dans le tube à niveau, a baissé de 5 pouces 1/3 (0 m. 133); enfin la pression moyenne de la vapeur variait de 92 à 125 livres par pouce carré (6 atmosphères 20 à 8 atmosphères 30).

La vitesse dans chacun de ces essais a été supérieure à celle que l'on se propose d'atteindre, avec la même charge, pour les trains express; la vitesse moyenne résultant des chiffres donnés plus haut a été de 13 kilomètres 300 mètres à l'heure, au lieu de 12 kilomètres, vitesse maximum prévue dans le programme qui a été soumis au gouvernement français pour cette partie du chemin. Le temps était beau et calme et les rails extérieurs en très-bon état, mais le rail central, ainsi que les roues horizontales, étaient gras et, par suite, dans des conditions d'adhérence très-défavorables.

Le calcul suivant établit le travail moyen développé par la machine n° 1 dans le cours de ses essais : laissant de côté, pour le moment, la résis-. tance due aux courbes et négligeant complétement celle de l'air, nous avons :

Résistance due à la gravité. . . . . $32^t \times 77 = 2,464$
— du mécanisme extérieur. . . . $16 \times 10 = 160$ [1]
— — intérieur. . . . $16 \times 10 = 160$
— du train. . . . . $16 \times 5 = 80$
Total de l'effort de traction. 2,864

Or, $\dfrac{1,800 \text{ m.}}{8' 1/8} = \dfrac{1,800}{488''}$ = environ 3 m. 69 par seconde et

$\dfrac{2,864 \text{ kil.} \times 3 \text{ m. } 69}{75 \text{ kilogrammètres}} = 139$ chevaux.

Ce même effort de traction, à la vitesse de 12 kil. à l'heure, représente un travail de 125 chevaux.

Ajoutant de part et d'autre 10 pour cent pour la résistance des courbes roides, on obtient, d'une part, 153 chevaux pour 1,800 mètres en 8' 1/8, et de l'autre, 137 chevaux 5 pour 1,800 mètres en 9', soit 15 chevaux 5 d'excès de travail, en sus de la quantité nécessaire.

Il n'y a guère lieu de chercher à calculer la dépense de combustible effectuée pendant les expériences, car il a été impossible de distinguer la portion consommée en stationnement et celle qui a été appliquée à la production de la quantité de travail fournie. Cependant la machine ayant été en feu environ 3 heures le premier jour, et 3 heures 1/2 le second, il a été dépensé en charbon et coke, autant que j'ai pu le constater, 583 livres (262 kil.) et 653 (293 kil.) le second. Sur cette durée, 97 à 98 minutes ont été employées dans le parcours total d'environ 20 kilomètres, effectué pendant ces deux journées.

Je puis ajouter ici que cette machine a déjà parcouru plus de 160 kilomètres en train de ballast et de matériaux sur la ligne expérimentale, remorquant à chaque fois des trains de 16 à 20 tonnes sans accident ni difficulté.

La machine n° 2, étudiée spécialement pour l'exploitation du Mont-Cenis est en partie construite en acier. Son poids vide est de 13 tonnes: avec son approvisionnement complet de combustible et d'eau, elle pèse 16 tonnes 17 quintaux, soit un poids moyen de 16 tonnes (16,256 kil.) en ordre de marche ; plusieurs pièces de la machine devant être augmentées de dimensions, le poids maximum sera porté à 17 tonnes 2 quin-

---

1. Le capitaine Tyler adopte pour coefficient de résistance du mécanisme intérieur 10 kil. par tonne. Cette évaluation nous parait insuffisante pour la machine n° 1, par les motifs développés pages 8 et 9, mais elle est très-largement suffisante pour la machine n° 2.

taux (17,374 kil.) et le poids moyen à 16 tonnes 4 quintaux (16,460 kil.). Le mécanisme complet des roues horizontales et accessoires ne pèsera cependant pas plus de 2 tonnes 13 quintaux (2,690 kilos).

La chaudière a 8 pieds 4 pouces 1/2 (2 m. 512) de longueur, 3 pieds 2 pouces de diamètre (0 m. 962) et contient 158 tubes de 1 pouce 1/2 (0 m. 0375) de diamètre extérieur. Le foyer et les tubes donnent ensemble 600 pieds carrés (55 m. carrés 986) de surface de chauffe ; la surface de grille est de 10 pieds (0 m. 930). Les cylindres sont au nombre de 2; leur diamètre est de 15 pouces (0 m. 380) et la course des pistons de 16 pouces (0 m. 406) : ils agissent à la fois sur les deux groupes de roues, 4 horizontales et 4 verticales; chaque groupe se compose de 4 roues couplées de 27 pouces (0 m. 685) de diamètre. L'écartement des centres des roues verticales est de 6 pieds 10 pouces (2 m. 092) celui des roues horizontales de 2 pieds 4 pouces (0 m. 620). La pression maximum de la vapeur dans la chaudière est de 120 livres (8 atmosphères), la pression effective sur le piston est de 75 livres par pouce carré (5 atmosphères).

Outre l'avantage de posséder une plus grande surface de chauffe, cette machine est plus stable que le n° 1 : son mécanisme est plus facile à entretenir et la pression sur les roues horizontales peut être réglée à volonté par le mécanicien du haut de la plate-forme. La pression est appliquée au moyen d'une tige en fer portant deux pas de vis à filets opposés, et qui agit sur deux châssis placés de part et d'autre du rail central; ces châssis sont eux-mêmes en relation avec des ressorts en spirale qui pressent les roues horizontales contre le rail. Pendant les premiers essais, la pression était de 2 tonnes 1/2 par roue horizontale, soit 10 tonnes en tout : aujourd'hui la pression maximum, et qui peut être appliquée, s'il est nécessaire, est de 6 tonnes par roue, soit 24 tonnes pour les quatre. Chaque piston porte une double tige, une à l'avant, une autre à l'arrière du cylindre; la première transmet son mouvement par un renvoi aux roues verticales; les roues horizontales sont menées directement par la seconde tige. Tout le système des roues horizontales paraît fonctionner parfaitement; malheureusement quelques-unes des pièces en relation avec les roues verticales avaient besoin d'être renforcées et, pour éviter des réparations qui auraient entraîné de nouveaux délais, on ne pouvait guère faire marcher cette machine longtemps ou avec une forte charge, au moment où j'étais au Mont-Cenis; il aurait fallu attendre les pièces de rechange qui étaient alors en construction en Angleterre. J'ai pu cependant remonter avec cette machine les 1,800 mètres de la ligne expérimentale en remorquant la même charge que précédemment, soit 16 tonnes en 3 wagons, en 6 minutes 1/4, ce qui répond à une vitesse de 17 kilomètres à l'heure. (Le programme pour les trains express n'admet qu'une vitesse de 12 kilomètres à l'heure). La pression de la vapeur descendit de 112 à 102 livres 1/2 (6at,8 à 6,5), et le niveau de l'eau dans le tube descendit de 3 pouces, la chaudière n'ayant été alimentée que pendant la dernière partie de cette expérience. La machine n° 2 (dont la résistance est de 120 livres moindre que celle de la machine n° 1, quand on applique seulement 10 tonnes de pression sur les roues horizontales) a développé dans cette expérience, non compris la résistance des courbes, un travail d'environ 177 chevaux ; ajoutant 10 p. 0/0 pour la résistance des courbes, on arrive à 195 chevaux, soit plus de 12 chevaux de force par tonne du poids de la machine, et en tout près de 60 chevaux de plus que n'aurait consommé la traction de la même charge sur le même profil, à la vitesse de 12 kilomètres, inscrite au programme.

En comptant 4 pieds carrés (0 m. carré) 369 de surface de chauffe par force de cheval, cette machine pourrait développer d'une manière continue un travail de 150 chevaux, soit 45 de moins que le travail obtenu dans l'expérience ci-dessus sur un faible parcours, mais beaucoup plus qu'elle n'en devra produire pour rester dans les conditions du programme. Effectivement, un train léger portant les dépêches et 50 voyageurs et traîné par une seule machine, effectuerait facilement le voyage de Saint-Michel à Suze en 4 heures, au lieu de 4 heures 1/2.

Le jour suivant, j'ai reconnu qu'avec 40 livres de pression, soit 1/3 de la pression maximum, la machine pouvait se mouvoir *seule* sur une pente de 1/12,5 (0,080). La résistance des wagons et voitures étant proportionnellement beaucoup plus faible que celle d'une locomotive, cette machine pourrait *à fortiori* traîner une charge brute égale à trois fois son poids, soit 48 tonnes, sur la même pente, la pression étant supposée portée à son maximum de 8 atmosphères.

La seule voiture à voyageurs qui ait encore été construite a 6 pieds 4 pouces (1 m. 924) de largeur et 12 pieds (3 m. 650) de longueur. Elle a un passage au milieu, entre les deux banquettes, qui contiennent chacune 6 places. Les voyageurs s'y trouvent donc assis en face les uns des autres. Les roues ont 2' 3" (0 m. 683) de diamètre, et on se propose de laisser une roue par paire, folle sur l'essieu. Chaque véhicule sera muni d'un frein ordinaire, et plusieurs par train porteront des freins de sûreté agissant sur le rail central.

Il résulte des comptes rendus officiels de la Compagnie du chemin de fer Victor-Emmanuel que la route de Saint-Michel à Suze a donné les recettes suivantes pendant les quatre dernières années :

1861.	1,404,771 francs.
1862.	1,609,617 —
1863.	1,715,424 —
1864.	1,895,543 —

L'accroissement des recettes est donc de plus de 10 p. 0/0 chaque année. En estimant que le trafic s'accroîtra seulement dans la même proportion après l'ouverture du chemin de fer, le revenu brut total en 7 ans, de 1867 à 1873 inclusivement, serait de plus de 27,000,000 de francs, et l'on calcule qu'une recette pareille donnera, à l'expiration de ce terme, un bénéfice net de plusieurs millions, déduction faite de toutes les dépenses et de l'intérêt et amortissement du capital de 8,000,000 de francs. Il est bien entendu aussi qu'à l'expiration du terme de 7 ans, la valeur du chemin de fer et le matériel roulant resteraient la propriété de la Compagnie.

Mais il ne peut pas être mis en doute qu'après l'ouverture du chemin de fer, le transport des voyageurs ne doive augmenter dans une proportion plus forte qu'il ne l'a fait jusqu'ici, à cause de l'économie de temps et de la commodité et sécurité plus grandes qu'on trouvera à passer la montagne. Or, il n'y aura pas seulement une augmentation dans les produits du trafic, mais il y aura aussi la perspective que les marchandises de peu de valeur et les matières minérales qui ne passaient pas la montagne, le feront à l'avenir, puisque le transport se fera à moins de frais que par le passé. De plus, la Compagnie a l'espoir fondé de transporter la malle des Indes ; car, comme je vais le montrer tout à l'heure, elle pourra abréger de 38 heures les communications entre l'Angleterre et l'Égypte.

Pour pourvoir au transport de 132 voyageurs et de 88 tonnes de marchandises par jour, la Compagnie a l'intention de faire marcher 3 trains dans chaque sens. Chaque train, portant 40 voyageurs et leurs bagages pèsera, indépendamment de la machine, 16 tonnes et fera, à la vitesse moyenne de 18 kilomètres à l'heure, les 77 kilomètres entre Saint-Michel et Suze ; un second train transportant 26 voyageurs et 20 tonnes de marchandises et pesant 40 tonnes, marchera à une vitesse moyenne de 12 à 14 kilomètres par heure ; enfin un troisième train portant 24 tonnes de marchandises et pesant 48 tonnes, marchera à une vitesse moyenne de 10 kilomètres par heure. On se propose de faire faire le premier de ces trains par une seule machine, et le second et le troisième, chacun par deux machines.

Les distances de Paris à Turin et Gênes, suivant qu'on fait le trajet par Marseille ou par le Mont-Cenis, peuvent s'établir de la manière suivante. En partant de Paris, les deux lignes se séparent à Mâcon, et les distances sont :

	Par Marseille.	Par le Mont-Cenis.
Mâcon à Gênes.	899 kilomètres.	524 kilomètres.
Mâcon à Turin.	1,060 —	360 —

Il y a donc par le Mont-Cenis une abréviation de 375 kilomètres pour Gênes et de 700 kilomètres pour Turin.

Le temps employé pour le trajet entre l'Angleterre et l'Égypte en passant par Paris peut être établi soit en prenant la route de Marseille, soit en passant par le Mont-Cenis et Brindisi, car les chemins de fer italiens ont été récemment livrés à la circulation jusqu'à ce port.

Par la route de Marseille :

Paris à Marseille, 864 kilomètres, à 54 par heure. . . .   16 heures.
Marseille à Alexandrie, 1,460 milles marins, à 10 par
heure, avec 6 heures de relâche à Malte.   152   »

$$\text{TOTAL.} \quad \dots \dots \dots \quad 168 \text{ heures.}$$

Par la route du Mont-Cenis et Brindisi :

Paris à Mâcon, 441 kilomètres, à 54 par heure. . . . .   8 1/4 heures.
Mâcon à Saint-Michel, 237 kilomètres, à 40 par heure.   6   »
Saint-Michel à Suze, 77 kilomètres, à 18 par heure.   4 1/2   »
Suze à Brindisi, 1,159 kilomètres, à 40 par heure. . .   29   »
Brindisi à Alexandrie, 822 milles marins, à 40 par
heure. . . . .   82 1/4   »

$$\text{Total.} \quad \dots \dots \dots \quad 130 \quad \text{heures.}$$

Il y a donc, en passant par le Mont-Cenis et Brindisi, une économie de temps de 38 heures.

Ce résultat aurait de l'importance pour faciliter les communications entre l'Inde et l'Angleterre, et pour assurer le passage de la malle de l'Inde ; il faut cependant remarquer qu'il y aurait nécessairement rupture de charge à Saint-Michel et à Suze.

Les résultats de ces expériences ont une grande importance pour l'avenir de la construction des chemins de fer dans les pays de montagne ; je vais essayer de le faire comprendre par quelques rapides observations.

Toutes les fois qu'il s'agit de faire traverser une chaîne de montagne par une ligne de chemin de fer, le problème qui se pose est celui de savoir s'il est plus économique de franchir les cols à leur niveau ou d'établir un souterrain d'une longueur plus ou moins grande. Après s'être rendu compte avec soin de la dépense de construction et des frais d'exploitation qu'entraînera le trafic sur lequel on peut compter, il faut déterminer jusqu'à quel niveau on doit s'élever et quelle longueur de souterrain il en résultera suivant les différents cas ; l'élément le plus important de ce calcul est la limite de rampe au-dessous de laquelle on doit se tenir pour avoir une exploitation à la fois sûre et économique.

M. Fell a démontré par ses expériences que les pentes de 1/12 à 1/15 (0,066 à 0,083) peuvent être, par le moyen du rail central, substituées aux pentes de 1/25 à 1/30 (0,033 à 0,040) auxquelles on s'est arrêté jusqu'ici ; il a montré aussi que ce système permet de circuler plus sûrement qu'on ne l'a fait jusqu'ici dans des courbes plus roides encore que celles usitées jusqu'à présent. En d'autres termes, il a prouvé qu'étant donnée une différence de niveau à franchir, on peut réduire *de moitié* [1] la longueur du développement nécessaire, et de plus d'un *tiers* la dépense de construction. En effet, quoique la voie de fer doive être plus coûteuse, puisqu'elle reviendra moyennement à 3,000 livres environ au lieu de 1,800 à 2,000 par mille anglais, (c'est-à-dire 50,000 francs au lieu de 30 à 35,000 francs par kilomètre de voie simple), cependant l'adoption de pentes plus fortes et de courbes plus roides, dans les points difficiles, permettra de réduire ou même d'éviter les tranchées ou les remblais, et les travaux en général en deviendront moins coûteux.

De leur côté, les frais d'exploitation et d'entretien, pour une même différence de niveau à racheter, seront également réduits, la longueur de la ligne étant diminuée de moitié et la vitesse des trains pouvant être aussi réduite; car, pour atteindre le] sommet dans le même temps, une vitesse moitié suffira, et, à cette vitesse ainsi réduite, il ne faudra pas, pour remorquer les mêmes trains (machines comprises), une plus grande consommation de travail mécanique que dans le premier cas; d'un autre côté, l'adhérence des machines se trouvant doublée, moyennant une augmentation de moins d'un sixième de leur poids, la charge utile des trains s'en trouvera considérablement augmentée.

La dépense de traction, qui ne doit pas varier sensiblement, puisqu'il s'agit, dans les deux cas, d'élever les mêmes charges brutes à une même différence de niveau, se trouvera réduite, si on la rapporte au poids utile, par l'augmentation de ce poids; les autres dépenses d'exploitation diminueront aussi, dans une certaine mesure, par la réduction dans l'usure et la fatigue du matériel, qu'entraînera la réduction de vitesse.

Par ces motifs, les tracés franchissant les cols à leur niveau deviendront aujourd'hui plus faciles, plus rapides d'exécution et plus avantageux comme exploitation qu'ils ne l'ont été jusqu'à présent. Il sera intéressant, en prenant pour exemple le Mont-Cenis, de comparer la dépense de la ligne avec souterrain, qui est aujourd'hui en cours d'exécution, avec celle d'une ligne *définitive* que l'on pourrait établir en passant par-dessus la montagne. Je ne fais pas cette comparaison en vue de ce cas particulier, car on peut admettre aujourd'hui que le tracé avec souterrain sera exécuté entièrement dans un certain nombre d'années, et que d'ailleurs la ligne *supérieure* projetée par MM. Brassey et Cⁱᵉ n'est proposée qu'à titre provisoire, et pour servir en attendant l'ouverture de la ligne définitive de Saint-Michel à Suze; je n'aurai en vue, en faisant cette comparaison, que l'application aux autres traversées de montagnes, soit dans les Alpes, soit ailleurs.

L'estimation du chemin provisoire faite par M. Brunlees, ingénieur civil, s'élève à 8,000,000 de francs, soit environ 104,000 francs par kilo-

[1]. La pente moyenne qu'il propose étant le *double* des anciennes limites adoptées pour les pentes.

mètre, tandis que le tracé avec souterrain coûtera probablement, en y comprenant les intérêts à 6 p. 0/0 pendant la construction, 135,000,000 de francs, soit environ 2,000,000 de francs par kilomètre; cette dernière ligne présente une longueur de 68 kilomètres et un maximum de pente de 1/28 (0,035); sur moitié de la longueur du souterrain, la pente sera 1/45,5 (0,022); la pente moyenne, pour toute la longueur, sera 1/46 ou (0,0247) ; la ligne provisoire, au contraire, n'aura que 77 kilomètres de longueur et des pentes maximum de 1/12 (0,083) ; la différence de niveau entre les deux points les plus élevés des deux tracés est de 840 mètres et la durée du parcours entre Saint-Michel et Suze sera, compris les arrêts, d'environ 3 heures par le souterrain et 4 heures 1/2 par le col.

On peut admettre que la dépense de construction d'une ligne définitive, avec voie plus large et courbes moins roides, serait à peu près égale à trois fois celle de la ligne provisoire, soit environ 312,000 francs par kilomètre ; l'excès des dépenses d'exploitation résultant de la différence de niveau de 840 mètres, évaluée avec une circulation dix fois plus grande que celle qui a lieu actuellement sur le Mont-Cenis, et en admettant une dépense moyenne de traction de 25 centimes par force de cheval et par heure (dépense constatée sur les lignes du Semmering et des Giovi), représente, à l'intérêt de 6 p. 0/0, un capital de 203,000 fr. par kilomètre. Ces deux sommes ajoutées ensemble donnent 515,000 francs par kilomètre, soit un peu plus du quart de la dépense estimée plus haut à 2,000,000 fr. par kilomètre pour le tracé avec souterrain.

Cette estimation serait sans doute modifiée sensiblement par les circonstances locales, mais ce n'en est pas moins une évaluation aussi rapprochée que possible de l'avantage qu'on peut trouver, dans les cas où l'on ne peut recourir aux plans inclinés avec câble et machine fixe, à adopter pour les chemins de fer des pentes plus fortes que celles considérées jusqu'à présent comme abordables, en recourant au système de M. Fell.

Comme résultat de mes observations et de mes essais, je conclurai en disant que le projet de traversée du Mont-Cenis est, à mon sens, praticable, aussi bien au point de vue mécanique qu'au point de vue commercial, et que le passage de cette montagne sera ainsi rendu plus rapide, plus assuré et plus commode, mais en outre présentera des conditions de sécurité supérieures à celles qui existent actuellement. Au premier abord, peu de personnes, à la vue, ou seulement à la pensée de ces essais sur des pentes aussi fortes et des courbes aussi roides, pourront admettre qu'il n'en résulte pas des dangers extraordinaires, et que les conséquences d'une rupture d'attelage ou de bandage de roue, ou d'un déraillement, ne se trouveront pas, sur une pareille ligne, considérablement aggravées.

Mais il y a, dans ce système de locomotion, un élément de sécurité qu'aucun autre système ne possède.

Le rail central ne sert pas seulement à rendre la machine capable de remorquer son train sur ces pentes exceptionnelles, mais il donne aussi les moyens d'appliquer le système de frein le plus énergique pour modérer la vitesse, ou pour arrêter à la descente tout véhicule qui se serait dételé; enfin, par le moyen des galets directeurs dont sont munis les différents véhicules, il agit comme la sauvegarde la plus puissante pour empêcher [machine, voitures ou [wagons de dérailler par suite de détériorations survenues soit à la voie, soit au matériel roulant. Avec un entretien convenable, les parties les moins dangereuses de ce chemin de fer seront certainement celles où la pente dépassant 1/25 (0,040), on devra ajouter le troisième rail.

La pose et l'emploi de ce rail central ne présentent pas de difficultés sérieuses; il est facile également d'en établir la continuité de manière à prévenir tout accident qui serait dû soit à sa faiblesse, soit à celle de ses attaches. La seule question que je me pose est de savoir s'il n'y aurait pas à étendre son application aux pentes inférieures à 1/25 (0,040). Il semble qu'il y aurait avantage à le faire, non-seulement en vue d'accroître l'adhérence, sans augmenter le poids en proportion, mais aussi en vue d'assurer plus complétement la sécurité, particulièrement dans les courbes.

Je dirai, en finissant, qu'après avoir examiné en détail, avec M. Fell, les calculs et les considérations sur lesquels est basée son entreprise, j'ai reconnu que, pendant un travail de trois années, il a traité ces questions avec le plus grand soin et la plus grande prudence, et je ne doute pas, si, comme il l'espère, il obtient dans quelques semaines du gouvernement français l'autorisation nécessaire, qu'il ne soit en état de mener à bonne fin le travail qu'il a entrepris.

MÉMOIRE

LU LE 6 OCTOBRE 1865

A LA SOCIÉTÉ DES INGÉNIEURS CIVILS.

CHAPITRE PREMIER.

RÉSULTATS D'EXPÉRIENCES POSTÉRIEURES AU RAPPORT
DU CAPITAINE TYLER.

Le rapport du capitaine Tyler renferme deux parties distinctes :

1° La relation et la discussion des expériences de traction à l'aide du rail central, exécutées sur une longueur de 2 kilomètres, sur les rampes du Mont-Cenis;

2° L'appréciation, au point de vue économique, du système expérimenté, en le supposant appliqué au cas particulier d'un chemin de fer franchissant les 77 kilomètres qui séparent Saint-Michel et Suze, et, en général, au tracé des lignes de montagne.

La première partie de ce programme est la seule que j'aie abordée dans le mémoire du 18 mars 1864, dont l'analyse précède le rapport du capitaine Tyler. A cette époque, les essais entrepris par M. Fell avaient eu lieu en Angleterre, sur une faible longueur, avec une machine reconnue imparfaite, mais susceptible d'améliorations très-notables.

C'est cette machine qui, transportée au Mont-Cenis sur une ligne de 2 kilomètres de longueur, a été expérimentée d'une manière très-complète par le capitaine Tyler. Les expériences et les appréciations du savant ingénieur sur cette machine concordent, à très-peu près, avec celles que renfermait mon travail : je ne les examinerai donc pas.

Une seconde machine à laquelle ont été apportés une partie des perfectionnements que l'inventeur avait en vue, a été mise en service d'essai au Mont-Cenis, et c'est sur elle surtout que devaient porter les expériences du capitaine Tyler. Malheureusement, à l'époque de son voyage au Mont-Cenis, cette machine, dont quelques pièces avaient été reconnues trop faibles, n'était pas en état de faire le service auquel elle était destinée : elle n'a pu être expérimentée par le commissaire anglais que dans des conditions d'infériorité, qui, malgré l'étendue de sa surface de chauffe, laissaient planer encore quelques doutes sur son aptitude à remplir le programme pour lequel elle a été construite.

C'est cette lacune que j'ai en vue de remplir aujourd'hui, et, dans ce but, je relaterai en abrégé les résultats des essais faits devant les commissions italienne et française, désignées par les gouvernements intéressés. Les renseignements très-complets et très-exacts donnés par le rapport qui précède me dispensent d'entrer dans aucun détail nouveau sur la construction de la machine : je me contenterai de dire qu'après les modifications qui lui ont été apportées, son poids moyen a été porté à un chiffre un peu supérieur à celui prévu par le capitaine Tyler, 17 tonnes au lieu de 16 et demie.

Je crois devoir signaler en outre un détail dont le capitaine Tyler n'a pas parlé et qui donne l'explication de la facilité du passage en courbe, en même temps que la justification de ses vues au sujet de la sécurité. Chaque véhicule est pourvu de quatre galets horizontaux de 20 à 25 centimètres de diamètre, fous autour d'axes verticaux fixés sur le châssis du véhicule, et disposés deux à deux aux extrémités du véhicule et de chaque côté du rail central. C'est l'emploi de ces galets qui transforme en frottement de roulement le glissement des boudins des roues contre les rails extérieurs dans les courbes, et permet de franchir des courbes impraticables à tout autre matériel. C'est aussi cet emploi qui rend tout déraillement impossible aussi bien pour le train que pour la machine.

Nous en avons déjà dit quelques mots dans le mémoire du 18 mars 1864. Mais nous croyons devoir y insister ici, car ce procédé simple et pratique donne la solution la plus parfaite du problème des courbes, au point de vue de la résistance à la traction, comme au point de vue de la sécurité. Il a l'avantage de n'exiger qu'une modification insignifiante au matériel existant pour être immédiatement applicable, et de plus le matériel, ainsi approprié au parcours des petites courbes, peut circuler sans difficulté ni modification sur les lignes existantes à voie ordinaire.

Voici maintenant le résultat des essais faits le 19 juillet dernier, en présence de la commission française :

1re série d'essais faits avec un train composé de 4 wagons et 1 voiture à voyageurs, en tout. . . . . 25,350 kilog.
Poids de la machine. . . . . 17,000 —

Poids total du train. . . . . 42,350 kilog.

(La pression sur les roues horizontales a été constamment de 12 *tonnes* en totalité, soit 3 tonnes par roue.)

NUMÉROS des VOYAGES.	TEMPS du PARCOURS.	PRESSION DANS LA CHAUDIÈRE		
		AU DÉPART.	A L'ARRIVÉE.	DIFFÉRENCE.
	Minutes.	Atmosphères.	Atmosphères.	Atmosphères.
1......	9	6	8	2
2......	11	6 2/3	7 1/3	2/3
3......	10	6	8 1/3	2 1/3

Il résulte de ce tableau que ces trois voyages, exécutés sur une rampe de 1,800 mètres de longueur, ont été faits à une vitesse moyenne de 10,800 mètres à l'heure.

L'accroissement moyen de pression de la vapeur, en montant la rampe, a été de 1 atm. 2/3.

Ces faits démontrent surabondamment que la puissance de vaporisation de la chaudière de la machine n° 2 est plus que suffisante pour remplir les conditions du service qu'elle a à faire. On ne compte en effet pas dépasser en service la vitesse de 6 kilomètres sur les rampes de 0m,085 par mètre, comme celle où a eu lieu l'essai du 19 juillet, avec les trains de marchandise dont la charge, non compris la machine, doit être de 24 tonnes.

Dans la seconde série d'essais, la charge remorquée a été réduite à trois wagons, soit 16 tonnes, les autres conditions restant les mêmes :

NUMÉROS des VOYAGES.	TEMPS du PARCOURS.	PRESSION DANS LA CHAUDIÈRE		
		AU DÉPART.	A L'ARRIVÉE.	DIFFÉRENCE.
	Minutes.	Atmosphères.	Atmosphères.	Atmosphères.
1......	7 1/2	5 1/3	8 1/3	3
2......	7 1/2	»	»	1 2/3

Distance totale 3,600 mètres parcourus en 15 minutes, soit une vitesse de 14,400 mètres; accroissement moyen de pression par voyage, 2 atmosphères 1/3.

La vitesse prévue pour le service de ce train était seulement de 12 kilomètres à l'heure sur les rampes de 0,085.

La descente s'est effectuée en 10 à 12 minutes, de manière à démontrer l'efficacité du système de freins pour modérer la vitesse, laquelle n'a jamais dépassé 10 kilomètres à l'heure.

Des essais analogues ont eu lieu en présence de la commission italienne, le 27 juillet dernier. Les résultats ont été tout aussi favorables; nous citerons seulement comme limites extrêmes de ce que peut obtenir la machine n° 2, sous le double rapport de la puissance de vaporisation et de l'adhérence, les deux essais suivants, obtenus tous deux avec la charge de 24 tonnes.

Dans le premier, on a atteint une vitesse de 12 kilomètres à l'heure et un accroissement de pression de 1 atmosphère 1/3.

Dans le deuxième, la pluie commençait à tomber et l'adhérence était par conséquent très-réduite; la machine a patiné d'une manière très-sensible: l'emploi des boîtes à sable seules a suffi pour lui permettre de marcher sans accroissement de la pression sur le rail central (pression qui est restée fixée à 12 tonnes comme précédemment). La montée de 850 mètres a été effectuée en huit minutes et demie. La vitesse qui en résulte est précisément celle du programme, soit 6 kilomètres à l'heure. La pression de la vapeur s'était élevée, malgré le patinage et les pertes de vapeur qui en sont la conséquence, jusqu'à faire souffler les soupapes au moment où la machine a été arrêtée. Nul doute qu'avec une faible augmentation de pression sur le rail central le patinage n'eût été entièrement supprimé.

Cette expérience est surtout intéressante en ce qu'elle met en évidence la supériorité de la machine sur celles du système ordinaire.

En adoptant les bases de calcul appliquées par le capitaine Tyler [1], on trouve pour l'effort de traction 3,567 kil.

La pression totale adhérente étant de $12 + 17$ égale 29 tonnes, et le patinage ayant eu lieu, cela suppose une adhérence de $\dfrac{3567}{29} = 0,12$.

Avec cette adhérence, une machine ordinaire de 17 tonnes n'aurait pu remorquer que 6 tonnes 1/2 au lieu de 24, comme le montre le calcul suivant :

$$\begin{aligned}
&\text{Résistance de la machine} &&17\,(77+10) = 1,479^k \\
&\text{Résistance du train . . .} &&6^t,5 \times (77+5) = 533 \\
&&&\overline{\text{Total. . . . . } 3,012} \\
&\text{Effort de traction disponible:} &&17^t \times 0,12 = 2,040^k
\end{aligned}$$

Les expériences auxquelles a été soumise la machine n° 2 ont été assez étendues pour permettre quelques évaluations sur la consommation du combustible. Nous ne donnons ces résultats qu'avec quelques réserves, car on sait combien il est délicat de déduire la consommation d'une machine de parcours peu étendus.

Avec la charge de 24 tonnes, on a fait un parcours total de 51 kilomètres à la vitesse moyenne de 10,704 mètres par heure.

_____

1. C'est-à-dire 5 kilos par tonne de résistance pour le train et 10 kilos par tonne de pression pour la machine.

Avec la charge de 16 tonnes, les parcours ont été de 29 kilomètres à la vitesse de 15,600 mètres à l'heure.

Ce parcours total de 80 kilomètres a donné lieu à une consommation de 18ᵏ,300 par kilomètre (montée et descente) [1].

La machine seule a effectué un parcours de 40 kilomètres : sa consommation a été de 8 kil. par kilomètre.

Pour arriver à déterminer ces moyennes, on a déduit de la quantité totale de combustible consommé 48ᵏ,900 par mètre carré de surface de grille et par heure de stationnement [2].

Il faut se rappeler, en envisageant ces résultats, d'abord que la machine n° 2 marche à peu près sans détente, et en second lieu, que les parcours sur lesquels ont été faites les constatations de consommation correspondent aux inclinaisons les plus fortes de toute la ligne; enfin, que la machine, par suite de la faiblesse exagérée du rayon des courbes et du faible écartement qu'on a dû en conséquence donner aux essieux, a une longueur de tubes extrêmement réduite (2ᵐ,532 environ), circonstance éminemment favorable à la production de vapeur, mais par contre très-nuisible à l'économie du combustible. Nul doute qu'avec des rayons de courbe de 80 à 100 mètres, rayons parfaitement suffisants pour toutes les traversées de montagne, avec une détente plus complète, on n'arrive à réduire considérablement la consommation.

Au surplus, cette dépense, quoique considérable, rentre parfaitement dans les prévisions que l'on a admises pour les frais de traction des divers trains sur le Mont-Cenis, en se basant sur les résultats acquis pour l'exploitation des rampes des Giovi et du Semmering [3]. Elle est en accord parfait avec le chiffre de 25 centimes par force de cheval admis par le capitaine Tyler pour la ligne du Mont-Cenis, et qui résulte également des comptes de traction des lignes des Giovi et du Semmering.

CHAPITRE II.

APPLICATION DU SYSTÈME DU RAIL CENTRAL AU CAS D'UNE EXPLOITATION PAR TRAINS DE 400 TONNES.

La seconde partie du rapport du capitaine Tyler est relative à l'appréciation au point de vue économique du système Fell, supposé appliqué

---

1. En rapportant cette consommation observée sur la ligne expérimentale dont la pente moyenne est de 77ᵐ/ₘ à la ligne entière qui est établie avec une pente moyenne de 39ᵐ/ₘ, on en déduit une consommation moyenne de 13ᵏ,50 par kilomètre parcouru.

2. Cette déduction, qui répond à 10 livres par pied carré anglais de surface de grille, est d'autant plus légitime, que la machine n'était pourvue d'aucun système permettant de la capuchonner pendant les stationnements qui ont été longs et nombreux.

3. Voir la note F, page 64.

au Mont-Cenis d'abord, et ensuite aux traversées de montagne en général. Ce que nous venons de dire sur la consommation du combustible ne laissera pas de doute sur la justesse de ses appréciations relativement au cas particulier du Mont-Cenis, car ses conclusions reposaient sur les chiffres de dépense que nous venons de constater.

M. Tyler a présenté en finissant son mémoire des calculs qui font ressortir les avantages que donnerait une application du système à une ligne *définitive* passant par-dessus le col, comparée à la ligne actuellement en construction entre Saint-Michel et Suze et qui doit traverser la montagne par le grand souterrain de Modane à Bardonnèche. En admettant qu'il faille un peu rabattre de ses évaluations, il resterait encore un avantage énorme, puisque la dépense à laquelle il arrive ne représente pas plus du quart de celle qu'entraînera le tracé actuellement choisi.

Nous croyons que ces considérations méritent la plus sérieuse attention, et nous demandons la permission de les présenter sous une forme qui les rendra encore plus significatives, croyons-nous.

Supposons arrivé le moment, encore bien loin de nous, où le souterrain des Alpes sera assez avancé pour que l'on s'occupe d'attaquer les travaux des abords, travaux dont le développement, avec le tracé actuellement adopté, est de 56 kilomètres, dont 20 entre Saint-Michel et l'entrée du côté de Modane, et 36 entre Suze et le côté de Bardonnèche. Ces deux sections présentent une pente moyenne d'environ 25 millimètres; mais dans plusieurs points, la pente s'élève à 35 millimètres, et des souterrains nombreux et très-importants seront à construire, dont un notamment, du côté de Bardonnèche, a plus de 4,000 mètres de longueur et coïncide avec une pente de 33 millimètres.

Supposons qu'au lieu d'adopter pour le tracé de Saint-Michel à Modane une pente moyenne de 25 millimètres et des courbes de 300 mètres, on adopte une pente générale de 50 millimètres et des courbes de 80 à 100 mètres de rayon, il est hors de doute que les 20 kilomètres à construire pourront être réduits à 12 ou 15, et la dépense diminuée d'un tiers au moins, à cause de la réduction dans la longueur des souterrains et dans l'importance des ouvrages d'art.

Dans cette hypothèse, la traction devrait se faire au moyen d'un rail central, et il reste à savoir quel poids de machine serait nécessaire pour remorquer régulièrement des trains de 100 tonnes, charge maximum qui suffira certainement et au delà au développement que pourra prendre le trafic par l'ouverture d'une ligne définitive.

En comptant sur une adhérence de 0,10, on trouve facilement[1] qu'une machine pesant $27^t,5$ et pouvant réaliser une pression de $11^t,25$ sur le rail central, présenterait l'adhérence nécessaire pour remorquer le train de 100 tonnes dont il est question.

1. Voir le chapitre suivant.

La machine n° 2 donne avec ses approvisionnements un poids moyen de 16^t,5, et présente une surface de chauffe de 56 mètres carrés; en admettant la proportionnalité entre la surface de chauffe et le poids, on trouverait qu'une machine de 27 tonnes 1/2 aurait une surface de chauffe de 92 mètres. Mais comme la proportion entre la surface de chauffe et le poids est toujours à l'avantage des machines lourdes, on doit admettre qu'une machine du système Fell pesant 27 tonnes moyennement, et 30 tonnes au maximum, avec ses approvisionnements, présenterait une surface de chauffe de plus de 100 mètres carrés.

Au surplus, si cette surface n'était pas atteinte avec le poids de 27^t,5, une faible augmentation permettrait de l'obtenir. Le poids de la chaudière et des accessoires de la machine n° 2 s'élève à 3,500 kil., ce qui, la surface de chauffe totale étant de 56 mètres carrés, met à 62 kil. le poids du mètre carré (la machine de M. Petiet pèse (chaudière et accessoires) 68 kil. par mètre carré). Une augmentation de 496 kil. seulement, qui porterait le poids total moyen de la machine à 25 tonnes, permettrait donc de gagner les 8 mètres carrés nécessaires pour compléter la surface de 100 mètres (car 8 × 62 = 496).

La seconde question qui se présente est de savoir quelle vitesse permettra d'obtenir cette surface. Or, l'effort de traction calculé d'après les données qui précèdent sera de 7,500 kil. environ. C'est ce même effort que la machine à quatre cylindres de M. Petiet développe à la vitesse de 18 kilomètres à l'heure [1]. On pourra donc marcher à 9 ou 10 kilomètres avec la machine dont il est question, douée, comme nous l'avons dit, de 100 mètres de surface de chauffe.

Pour rester d'ailleurs sur le terrain des expériences que nous avons relatées, nous chercherons une confirmation de cette évaluation dans le travail accompli par la machine n° 2 dans les essais cités plus haut. Elle a fourni, en effet, une vitesse moyenne de 10,704 mètres à l'heure avec 24 tonnes de charge. Ceci donne, la pente moyenne étant de 77 millimètres :

Gravité pour la machine seule, 17^t × 77. . . . . 1,309^k
Gravité pour le train, 24 × 77. 1,848
Résistance de la machine, (17^t + 12) 10 kil. 390
Résistance du train, 24 × 5 120
                                                    ———
                                                    3,667^k
Supplément pour les courbes, 10 p. 100. 367
                                                    ———
                                                    4,034^k

Le travail produit par les 56 mètres carrés de surface de chauffe peut donc s'évaluer par le nombre 4^t,035 × 10^k,700 = 43,175. Le travail

———

1. Voyez Expériences de Saint-Gobain (*Annales des Mines*, tome V, 1864).

que pourra développer une surface de 100 mètres sera donné par la proportion $43,175 : x :: 56 : 100$ d'où $x = 77,100$. Avec un effort de traction de 7,500 kil., ce travail permettrait d'atteindre une vitesse de

$$\frac{77,100}{75} = 10^{k},2.$$

On obtiendrait donc sans aucun doute cette vitesse sur les pentes de 50 millimètres.

Reste à examiner comment la pression de 40 à 42 tonnes pourra être appliquée au rail central. On pourra l'exercer au moyen de trois paires de roues horizontales, dont chacune n'aura pas plus de 7 tonnes de pression. On pourra aussi, en adoptant un rail central en acier Bessemer, se contenter de deux paires de roues, chacune exerçant une pression de 10 à 11 tonnes [1].

Quant aux roues verticales, elles seront chargées de 7 tonnes chacune environ, ce qui n'a rien d'exagéré, surtout quand on réfléchit qu'une machine à deux essieux n'est pas sujette aux dérèglements de ressorts qui font que, sur une machine à trois ou quatre essieux, la pression dépasse accidentellement la charge sur laquelle on a compté.

Admettons maintenant qu'une modification de tracé analogue soit faite à la section de Bardonnèche à Suze, dont la longueur, par l'adoption de la pente de 50 millimètres, peut être réduite de 36 à 20 kilomètres. La longueur totale de la ligne de Saint-Michel à Suze se trouvera donc de $12,5 + 12,5 + 20 = 45$ kilomètres au lieu de 68 actuellement prévus.

Nous avons prouvé que l'on pourrait atteindre à la montée une vitesse de 40 kilomètres, ce qui suppose, pour l'ensemble, une vitesse moyenne de 15 kilomètres à l'heure, la descente et le passage du souterrain, qui est en pente de 22 seulement, pouvant s'effectuer à une vitesse beaucoup plus grande.

D'un autre côté, la vitesse moyenne que l'on obtiendrait avec le tracé de 68 kilomètres ne dépasserait pas, d'après l'exemple du Semmering, une vitesse de 22 kilomètres à l'heure. La durée des traversées serait donc la même dans les deux cas, car $\frac{45}{15} = \frac{68}{22} = 3$ heures environ. Sous ce rapport donc, il y aurait parité absolue. Mais, sous tous les autres rapports, les avantages seraient nombreux et des plus importants.

D'abord, la réduction de 23 kilomètres représenterait une économie de 12 à 15 millions au moins sur la dépense de premier établissement, les travaux des abords ne pouvant être estimés à moins de 500,000 francs par kilomètre. Quant à l'économie résultant de la réduction dans la longueur des souterrains et dans l'importance de tous les ouvrages d'art,

---

1. Voir la note A, page 58.

nous admettrons qu'elle soit compensée par l'adoption du rail central sur toute la longueur.

En ce qui concerne les dépenses d'exploitation, l'abréviation du tracé donnerait lieu à des économies très-importantes : nous signalerons les principales :

A. — Réduction dans les dépenses du mouvement, résultant de la réduction dans le personnel des gares et des trains.

B. — Réduction dans les dépenses d'entretien de la voie, résultant de la réduction de vitesse (nous admettrons que l'économie provenant de la réduction de longueur de la ligne soit compensée par la plus-value dans l'entretien due à la présence du rail central, ce qui est évidemment inexact, cette dernière source de dépense n'affectant qu'un des éléments de la voie, et ne s'appliquant pas au ballast, ouvrages d'art, bâtiments, etc.).

C. — Réduction dans les frais de traction par les causes suivantes :

1° Économie sur la consommation de combustible, résultant de la réduction dans la charge totale des trains. En effet, pour remorquer un train de 100 tonnes sur des rampes de 33 millimètres par le système ordinaire, surtout en souterrain où l'adhérence sera réduite à sa limite inférieure, il faudrait avoir recours à des machines à roues toutes adhérentes pesant au moins 60 tonnes [1], non compris leurs approvisionnements (car la réduction considérable que subirait son poids adhérent pendant la marche rendrait inadmissible pour d'aussi longs parcours la machine tender) [2]. C'est donc sur des trains bruts de 180 à 190 tonnes qu'il faudrait compter au lieu de trains bruts de 128 tonnes qu'on aurait avec le rail central ; soit une réduction d'environ un tiers dans la charge totale à remorquer. Comme d'ailleurs le travail mécanique à dépenser est sensiblement le même dans les deux systèmes, si l'on raisonne sur une même charge brute, puisqu'il s'agit dans les deux cas de l'élever de la même différence de niveau, on voit que l'économie sur la dépense de travail mécanique, et par suite sur celle de combustible, sera d'un tiers à peu près de la dépense à laquelle donnerait lieu dans le système ordinaire le transport du même tonnage utile.

A tous ces avantages nous joindrons celui d'une sécurité absolue à laquelle la réduction du poids des trains et de leur vitesse contribuera pour une bonne part, mais qui sera due surtout à la présence du rail central, ainsi que M. Tyler l'a si judicieusement énoncé ; cette sécurité ne saurait être obtenue au même degré avec des trains de 180 à 190 tonnes

1. L'équation $M = \frac{a+\alpha}{f-\alpha} t$ dans laquelle on fait $a = 5$, $t = 100^t$, $\alpha = 35$, $f = 100$, donne $M = 61$ tonnes. (Voyez le chapitre suivant.)

2. La même équation fait voir, en effet, qu'en réduisant M à 55 tonnes par exemple, la valeur de t se réduit à 88 tonnes, c'est-à-dire que 5 tonnes de réduction sur le poids de la machine diminueraient de 10^t celui du train.

descendant, sans autre moyen d'arrêt que les freins ordinaires, les longues pentes de 33 et 35 millimètres que comporte le tracé projeté jusqu'ici.

La seule sujétion qui résulterait de l'adoption de cette solution serait la nécessité de pourvoir le matériel qui franchira la section de Saint-Michel à Suze de galets directeurs destinés à le guider dans les courbes. Rien ne prouve du reste que cette obligation soit absolue, et il est probable que l'addition en tête et en queue de deux véhicules pourvus de galets suffirait pour faciliter le passage des trains en courbe, et en garantir la sécurité. Mais en admettant même qu'il faille absolument y recourir, cela n'introduirait aucune gêne pour le service des voyageurs, car le service international se fait partout avec des voitures qui y sont consa-crées exclusivement et font sans cesse la navette : ces voitures pourraient donc être munies de galets qui ne gêneraient aucunement leur passage sur les lignes ordinaires. Quant aux marchandises, la même chose; je veux dire l'affectation d'un matériel spécial au trafic international a lieu également, et comme ce matériel pourrait circuler sur toutes les autres lignes, il n'en pourrait résulter aucune sujétion sérieuse. Pour les marchandises en transit, le transbordement qui est obligatoire aux frontières de l'Espagne et de la Russie[1] pourrait également être appliqué ici, et l'on sait qu'il n'ajoute que peu d'entraves et de dépense au service des marchandises. L'échange des matériels qu'il faut organiser, quand on ne se résigne pas au transbordement, est par lui-même tellement gênant et onéreux, que quelques-unes de nos grandes compagnies préfèrent aujourd'hui s'en affranchir pour les transports de réseau à réseau dans l'intérieur du territoire français. La même solution a d'ailleurs été appliquée pour les lignes d'intérêt local[2].

Les considérations qui précèdent, appuyées sur des expériences irrécusables, dont elles ne sont que la conséquence et l'extension la plus légitime, nous paraissent devoir démontrer à tout esprit non prévenu les avantages considérables que le tracé des lignes de montagne trouvera à l'avenir dans l'application du système de traction proposé et expérimenté par M. Fell. Nous le croyons immédiatement applicable, sans difficulté pratique d'aucun genre, à tous les cas où l'on serait conduit, pour ne pas dépasser le capital de premier établissement, dont l'intérêt peut être couvert par le produit qu'on attend, à adopter des pentes supérieures à 35 millimètres, et des rayons de courbes inférieurs à 200 mètres. Nous croyons qu'il peut dès lors rendre d'immenses services à la construction des lignes destinées à franchir les frontières de plusieurs États européens et les barrières naturelles qui s'élèvent souvent entre les différentes provinces d'un même pays.

1. Par suite de la différence dans la largeur de voie.
2. Voir la note C, page 60.

CHAPITRE III.

DISCUSSION DE QUELQUES OBJECTIONS.

Il est important de remarquer que le système du rail central ne peut en aucune façon prétendre, sauf pour des cas exceptionnels et très-rares, à l'application sur les lignes existantes. Dans les limites de pente dans lesquelles on est resté jusqu'ici, la locomotive ordinaire sera toujours l'instrument le plus parfait. Le rail central ne doit avoir pour mission que d'étendre l'emploi de cet admirable appareil au delà des bornes qui lui sont actuellement posées.

C'est faute d'avoir reconnu cette vérité, et pour avoir voulu, sans utilité aucune, substituer ce système au mode parfaitement satisfaisant aujourd'hui en vigueur sur les grandes lignes, que certains promoteurs de l'application du rail central ont prêté le flanc à des objections sérieuses. Il est évident *à priori* (et les calculs qui vont suivre (page 44) le démontrent au besoin) que la complication du système, l'excès de résistance qu'il occasionne, font plus que compenser les faibles économies d'effort de traction qu'il procure, quand on ne dépasse pas les limites de rampe actuellement admises.

Mais il est non moins inexact d'étendre ce dernier raisonnement au delà de toute limite, et de prétendre, ainsi que nous l'avons entendu faire par quelques ingénieurs à propos des essais du Mont-Cenis, que la locomotive ordinaire serait, dans les conditions de pentes et de courbes spéciales à cette traversée, tout aussi pratique, tout aussi économique que la machine à rail central. Il nous paraît bien facile de réfuter cette opinion.

Elle est fondée, devons-nous dire d'abord, sur le fait que l'adhérence sur laquelle on peut toujours compter, même en pays de montagne, ne serait jamais inférieure à 0,14. Ce fait paraît admis en principe par des ingénieurs très-expérimentés assurément, mais nous le contestons absolument pour les climats montagneux.

Les expériences que nous avons citées plus haut montrent en effet que l'adhérence peut se trouver réduite à 0,12 au moins, et que, dans ces conditions, la machine à rail central a pu remorquer son train de 24 tonnes, là où la locomotive ordinaire n'aurait pu remorquer que 6 tonnes 1/2. Avec une adhérence de 0,10, qui se rencontrera souvent, la réduction de la charge traînée serait encore plus forte.

Mais laissons de côté cette réfutation par trop facile, et admettons l'adhérence de 0,14. Dans ces conditions, on trouve[1] que ce n'est pas

1. En employant la formule $M = \frac{a+\alpha}{f-\alpha} f$. (Voir le chapitre suivant.)

une machine de 17 tonnes, mais bien une machine de 40 tonnes qu'il faudrait pour remorquer le train de 24 tonnes sur la rampe de 0^m,085. C'est donc un train brut de 64 tonnes qu'il faudrait mettre en mouvement sur les rampes, sur les pentes, dans les courbes, soit un supplément de 23 tonnes de poids mort à peu près égal au poids utile que remorque la machine à rail central. De ce chef seul, la consommation de combustible rapportée au poids utile serait doublée au moins. Or, nous le demandons, est-il admissible que cet énorme accroissement de dépense puisse se trouver compensé par la complication, beaucoup plus apparente que réelle, du système de machine, et par la nécessité d'employer le rail central partout où les rampes excèdent 40 millimètres? Nous croyons que poser la question, c'est la résoudre.

Il y a du reste toute une face de la question que nous avons laissée de côté. Une machine de 40 tonnes suppose quatre essieux couplés : possède-t-on un moyen simple, pratique, de faire passer une machine de cette espèce dans des courbes de 40 mètres? En supposant que ce moyen existe, l'excès de résistance qu'entraînera toujours le passage de la machine dans ces courbes n'est-il pas un élément qui (indépendamment de la gravité) apportera encore son contingent à l'excès de dépense de combustible; de même aussi pour le reste du train?

Enfin, si l'on envisage la sécurité, possède-t-on un système de frein capable de modérer et d'annuler au besoin la vitesse à la descente (sur des pentes de 70 à 80 millimètres) d'un train, non plus de 40, mais de 64 tonnes? Que sera-ce s'il faut à ces vitesses, peut-être excessives, franchir des courbes de 40 mètres, sans autre garantie contre les déraillements et les chutes dans les précipices, que la saillie d'un boudin de roue retenu par le rail extérieur de la courbe?

Nous croyons que ce serait mettre nos contradicteurs à une rude épreuve que de les prendre au mot, et de leur proposer de circuler dans ces conditions, c'est-à-dire avec une machine et des voitures dépourvues de la garantie de sécurité du rail central, sur la ligne expérimentale du Mont-Cenis : tandis qu'au contraire, pendant cinq mois qu'a duré le service d'essai de cette ligne, de nombreux visiteurs appartenant aux populations voisines ou venant de l'étranger, ont pu la parcourir sans accident, sans danger, et nous sommes convaincu de n'être démenti par aucun d'entre eux, sans appréhension, ou du moins sans craintes sérieuses.

D'ailleurs, nous le répétons, compter sur une adhérence de 0,14 en pays de montagne est une hypothèse entièrement inadmissible : 0,10 est la valeur pratique à laquelle on doit s'attendre, et c'est celle qui a été admise par tous les ingénieurs qui se sont occupés de ces questions. Or, avec 0,10, ce n'est plus 40 tonnes, c'est 80 et 100 tonnes que devrait peser la machine ordinaire pour mener le train de 24 tonnes sur la rampe de 85 millimètres : ce n'est plus un train de 64, mais un train de

100 à 120 tonnes qu'il s'agirait de retenir sur la pente; ce n'est plus 4, mais 8 ou 10 essieux couplés auxquels il faudrait faire franchir les courbes; ce n'est plus le double, mais le quadruple au moins de la dépense de traction auquel on arriverait.

Il faut donc reconnaître que la traction par les moyens ordinaires devient impraticable au delà de certaines limites, et que le procédé du rail central ouvre à la locomotive un nouveau et vaste champ d'application.

Pour terminer ce sujet, nous croyons important de faire remarquer deux enseignements qui ressortent des belles expériences de M. Fell.

Le premier, c'est que les limites posées par beaucoup d'ingénieurs à la puissance de vaporisation des locomotives étaient par trop absolues, et qu'en cette matière, comme en beaucoup d'autres, il faut se garder de prendre les résultats d'une pratique journalière, voisine de la routine, pour des données expérimentales à l'abri de toute contestation.

Ainsi l'on admet généralement qu'il faut 0 mètre carré 60 de surface de chauffe par force de cheval produite. La machine de M. Fell développe moyennement un effort de 4,035 kilog, à la vitesse de 10,700 mètres par heure, ce qui représente 160 chevaux de force pour 56 mètres carrés, soit $0^{mq},35$ par force de cheval. Il y a loin de ce résultat à la donnée prétendue pratique que nous venons de citer[1].

Ce résultat montre aussi que le poids des locomotives ordinaires pourrait être sensiblement réduit, si la nécessité de conserver l'adhérence nécessaire ne limitait cette réduction.

Pour terme de comparaison, nous prendrons la machine à 4 cylindres de M. Petiet.

Cette machine a développé, dans l'expérience citée plus haut, de Saint-Gobain, un effort de 7,500 kilog., à la vitesse de 18 kilomètres, d'où résulte un travail de 500 chevaux. Son poids, en ordre de marche, étant de 60 tonnes, cette machine pèse donc 120 kilog. par force de cheval.

La machine de M. Fell pèse 112 kilog. par force de cheval, malgré l'addition du mécanisme intérieur et l'infériorité qui résulte de la petitesse de la machine, relativement aux approvisionnements.

Si nous faisons cette comparaison, ce n'est nullement pour critiquer la machine de M. Petiet, qui est certainement une des plus belles créations mécaniques de ces derniers temps, et qui a réalisé un progrès considérable, mais simplement pour faire ressortir ce fait, que les allégements au delà d'une certaine limite deviennent impossibles pour la locomotive ordinaire, parce que l'adhérence lui ferait défaut.

Ceci ressortira encore plus nettement du tableau suivant :

---

1. Ces résultats sont dus, il faut l'ajouter, à l'étendue relative de la surface de grille et à l'absence de détente qui augmente notablement l'effet de l'échappement.

DÉSIGNATION.	MACHINE PETIET.	MACHINE N° 2 DE M. FELL.
	kilos.	kilos.
Poids en ordre de marche, par mètre quarré de surface de chauffe.	280	320 (compris le mécanisme intérieur.)
Poids en ordre de marche, Id...............	280	280 (déduction faite du mécanisme intérieur.)
Poids vide, Id...............	233	187 (déduction faite du mécanisme intérieur.)
Poids de la chaudière et des accessoires, Id...............	68	62
Poids des approvisionnements, Id...............'.	47	67

On voit d'abord résulter de ce tableau que le surcroît dû à l'approvisionnement est d'autant plus désavantageux que la machine est plus petite, et que c'est à ce surcroît qu'est dû en partie l'avantage de la machine de M. Petiet, comparée en ordre de marche. En somme, la différence est de 40 kilog. par mètre carré de surface de chauffe.

Mais on voit de plus que, si l'on appliquait à la machine de M. Petiet les allégements qui ont été apportés à la machine de M. Fell, on pourrait réduire son poids dans une proportion considérable. Car 214 mètres carrés à 187 kilog. ne donnent que 40 tonnes, qui, avec 10 tonnes d'approvisionnement, réduiraient le poids de la machine Petiet à 50 tonnes. Il est évident qu'alors elle manquerait d'adhérence, et que c'est réellement la nécessité de conserver l'adhérence qui empêche de donner aux machines locomotives une plus grande légèreté. Ainsi disparaît cet argument devenu banal à force d'avoir été répété, à savoir que les *machines puissantes sont nécessairement lourdes*, et qui avait été opposé comme une fin de non-recevoir absolue aux tentatives d'allégement que comporte nécessairement l'application du rail central.

La seconde remarque que nous tenions à faire est relative à la limite de l'effort de traction que l'on peut attendre d'une machine locomotive.

Nous lisons, en effet, dans le rapport d'une commission officielle instituée pour juger un projet de locomotive à rail central, l'énoncé d'une proposition d'après laquelle, sur les rampes de 50 millimètres, une locomotive, *quel qu'en soit le système*, ne pourrait, en aucun cas, remorquer un poids supérieur au sien. Si nous relevons cette affirmation, au moins hasardée, ce n'est pas pour nous donner le facile plaisir de faire voir combien elle s'éloigne des faits qu'elle avait la prétention de prédire, mais seulement afin de montrer l'erreur de raisonnement sur laquelle

elle repose. C'est en effet en établissant une proportion entre les charges traînées sur différentes rampes par une machine d'un poids donné que l'on est arrivé à la conclusion que nous critiquons. Le raisonnement est à peu près exact[1], si l'on admet que la vitesse ne varie pas dans ces différents cas. Mais si on la fait varier en sens inverse de l'accroissement de l'inclinaison, les bases du raisonnement disparaissent, et voici alors comment il doit être établi : Étant donnée une locomotive d'une surface de chauffe et par suite d'un poids donnés, capable par conséquent d'une production de vapeur également déterminée, on conçoit que le travail de cette vapeur équivaut, déduction faite des pertes inévitables, au produit de deux facteurs, l'un la vitesse, l'autre l'effort de traction total. Si l'on veut transmettre ce travail aux roues de cette machine, supposée n'agir que par son poids, il est impossible de réduire sa vitesse au-dessous d'une certaine limite, parce qu'alors l'effort de traction dépasserait la limite d'adhérence et amènerait le patinage. Si, au contraire, on ajoute à cette machine des roues horizontales agissant par pression sur un rail central, la vitesse peut être réduite et l'effort de traction accru en quelque sorte indéfiniment (par l'augmentation de la pression), pourvu que le produit de ces deux éléments reste équivalent au travail disponible. En même temps le minimum de pression à appliquer au rail central est déterminé par la condition que le supplément d'effort de traction ainsi obtenu fasse équilibre à la perte occasionnée par le surcroît de poids dû au mécanisme des roues horizontales et par le surcroît de résistance qu'occasionne ce mécanisme.

Tel est, dans toute sa simplicité, le principe sur lequel est fondé l'emploi du rail central. Nous l'avons déjà présenté (Voy. Mémoire lu le 16 mars 1864), et nous le répétons ici parce qu'il a été entièrement vérifié par les faits.

CHAPITRE IV.

CALCUL DE L'EFFET UTILE DES MACHINES A RAIL CENTRAL, ET COMPARAISON AVEC CELLES DU SYSTÈME ORDINAIRE.

J'ai indiqué dans le mémoire lu à la séance du 18 mars 1864 (page 10) les résultats généraux de la comparaison faite au point de vue purement mécanique entre la traction par machine locomotive ordinaire et celle par locomotive à adhérence supplémentaire, sur les rampes de diverses inclinaisons.

Je crois devoir donner *in extenso* les calculs et les résultats numériques

1. Sauf l'erreur qui résulte de ce qu'on prend, pour la courbe des *efforts de traction*, une ligne droite au lieu d'une hyperbole. (Voyez le chapitre suivant.)

de cette comparaison qui, quoique n'embrassant qu'une partie de la question, fournit cependant des données de la plus grande importance.

Considérons une machine locomotive ordinaire à roues *toutes adhérentes*, remorquant un train, et soit R l'effort de traction appliqué au bouton de manivelle de la roue motrice par la bielle (c'est-à-dire déduction faite des résistances passives qui s'exercent entre le piston et le bouton de manivelle), et rapporté à la circonférence de la roue motrice, c'est-à-dire multiplié par le rapport inverse des rayons de la manivelle et de la roue.

Soit r la valeur d'une force horizontale, qui, appliquée également, mais en sens inverse de R, à la circonférence de la roue motrice, équivaudrait à l'ensemble des résistances passives développées par le mécanisme *à partir* du bouton de manivelle; c'est-à-dire que r ne comprendra pas les résistances dues au frottement du piston dans le cylindre, de la tige dans le presse-étoupe, de la grosse tête de bielle motrice et de la crosse dans les glissières, toutes résistances dont défalcation est faite dans la valeur de la force R.

Il est clair que l'effort de traction disponible à la circonférence des roues, ou pour mieux dire au crochet d'attelage, sera égal à $R - r$.

Soit M le poids de la machine en tonnes de 1000 kilog., f le coefficient d'adhérence.

La limite supérieure de l'effort R est donnée par la relation $R - r = Mf$. A cette condition, en effet, l'effort disponible $R - r$ ne fera pas patiner la machine.

D'autre part, en appelant :

α la tangente naturelle de l'inclinaison de la rampe;

a le coefficient de résistance du train, non compris la machine, exprimé en millièmes pris pour unité;

t le poids du train exprimé en tonnes,

on a la relation : $Mf = \alpha M + (a + \alpha) t$,

$$(1) \quad \text{d'où} \quad M = t \frac{a + \alpha}{f - \alpha}$$

par suite :

$$R - r = Mf = ft \frac{a + \alpha}{f - \alpha},$$

ou :

$$R = r + ft \frac{a + \alpha}{f - \alpha}.$$

Des expériences nombreuses[1] ont montré que r était proportionnel au

---

1. Nous citerons entre autres celles faites par M. Poirée au chemin de fer de Lyon, et qui sont relatées dans les Mémoires de la Société des ingénieurs civils. M. Poirée opérait sur une machine dont il avait enlevé le bouton d'articulation de la tête de bielle. Elle était donc dans les conditions que nous avons supposées pour la détermination de r.

poids de la machine et sensiblement égal à 10 kilogrammes par tonne de ce poids. On a donc $r = M = 10\,t\,\dfrac{a+\alpha}{f-\alpha}$ (r étant exprimé en kilogrammes).

Et, par suite, l'effort de traction à développer sur la circonférence de la roue motrice pour produire le mouvement de la machine et du train est donné par la formule :

$$(2) \qquad R = (f + 10).\frac{a+\alpha}{f-\alpha}.t,$$

dans laquelle f, a, α seront exprimés en millièmes pris pour unités, t en tonnes de 1,000 kilos, et R en kilogrammes.

Considérons maintenant une locomotive à adhérence supplémentaire obtenue par la pression sur un rail central d'un système de roues horizontales; soit P cette pression, les autres lettres ayant la même signification que plus haut. On aura d'abord :

$$R - r = (M + P)\,f,$$

et d'autre part $\qquad (M + P)\,f = \alpha M + (a + \alpha)\,t.$

Soit K le rapport $\dfrac{P}{M}$ de la pression horizontale au poids de la machine, on aura $P = MK$, et par suite :

$$M + P = M(1 + K),$$

on a donc : $\qquad M(1 + K)\,f = \alpha M + (a + \alpha)\,t,$

$$(3) \quad \text{d'où} \qquad M = \frac{a+\alpha}{f(1+K)-\alpha}\,t.$$

Pour obtenir la valeur de R, remarquons que r est ici composé de deux termes : l'un proportionnel à la pression M, l'autre à la pression P. Dans les expériences de Whaley-Bridge, le coefficient du terme proportionnel à P, c'est-à-dire la résistance par tonne de pression due au mécanisme intérieur, était de beaucoup supérieure à la résistance par tonne de poids due au mécanisme extérieur. Dans la dernière machine exécutée pour le Mont-Cenis, le principal perfectionnement a consisté à mettre les deux mécanismes dans des conditions presque absolument identiques, et les deux résistances sont, l'expérience l'a confirmé, à très-peu près les mêmes. On a donc :

$$r = 10\,M + 10\,P = 10\,(M + P) = 10\,M\,(1 + K),$$

substituant pour M sa valeur (3), on trouve :

$$r = 10.\frac{(a+\alpha)(1+K)}{f(1+K)-\alpha}\,t.$$

De ce qui précède, on déduisait :

$$R = r + (M + P) f = r + M (1 + K) f,$$

et par suite :

$$(4) \qquad R = t \frac{(1 + K) (a + \alpha) (f + 10)}{f (1 + K) - \alpha}.$$

À l'aide des formules (1), (2), (3), (4), on peut calculer pour chaque cas particulier : 1° le poids de machine nécessaire pour gravir une rampe donnée, avec un train d'un poids donné, l'adhérence étant également déterminée ; 2° l'effort de traction correspondant.

Ces formules permettent également une comparaison mécanique entre les deux systèmes de traction.

Supposant un train de 100 tonnes et donnant à l'adhérence les trois valeurs 0,10, 0,15 et 0,20, qui correspondent dans les formules à $f = 100$, 150 ou 200, admettant pour a la valeur de 5 kilos par tonne, pour K la valeur 1,5[1], on obtient pour chaque valeur d'α, depuis 0 jusqu'à 100 millimètres, une valeur de l'effort de traction R dans les deux systèmes.

C'est de cette manière que nous avons pu former les tableaux 1, 2 et 3, que nous donnons (pages 53, 54 et 55), et les courbes 1, 2 et 3 (pl. 52). Ces dernières ont été obtenues en prenant pour abscisses les diverses valeurs de l'inclinaison des rampes, et pour ordonnées les nombres trouvés pour l'effort de traction.

Ainsi que nous l'avons annoncé, on voit[2] que les efforts de traction dans les deux systèmes diffèrent peu, tant que les inclinaisons sont faibles, quelles que soient d'ailleurs les valeurs attribuées au coefficient d'adhérence, ce qui confirme l'opinion émise de tout temps, que l'application du rail central n'est pas motivée pour les lignes actuellement existantes, où les rampes ne dépassent pas 20 à 25 millimètres.

Mais pour les inclinaisons entre 50 et 80 millimètres, telles que celles qui se rencontrent au Mont-Cenis et dans beaucoup d'autres traversées de montagne, l'avantage est en faveur du système du rail central, et reste toujours considérable, quelle que soit la valeur de l'inclinaison, puisque même avec le coefficient de 0,20, limite supérieure de l'adhérence, l'effort de traction avec le système ordinaire est, pour la pente de 80 millimètres, de 50 p. 100 environ supérieur à l'effort de traction nécessaire en employant le rail central.

Une autre remarque importante est que la variation de l'effort de traction dans le système ordinaire, pour une même inclinaison, est considérable quand on fait varier l'adhérence. Par exemple, pour la rampe de

1. Ce qui revient à supposer la pression sur le rail central égale à une fois et demie le poids de la machine.

2. Voyez le mémoire lu le 16 mars 1864, page 10.

50 millimètres, l'effort de traction, qui est de 12,100 kil. pour l'adhérence de 0,10, se réduit à 8,800 kil. avec 0,15, et à 7,700 avec 0,20.

Dans le système à rail central, au contraire, l'effort de traction varie beaucoup moins; pour la même inclinaison de 50 millimètres, il passe de 7,560 à 6,580 et 6,410 kil., quand l'adhérence passe de 0,10 à 0,15 et à 0,20.

Il s'ensuit que les variations de l'adhérence, qui sont fréquentes en pays de montagne, seront sans résultat prononcé sur l'effet utile des machines à adhérence supplémentaire. Pour les machines ordinaires, au contraire, dont la puissance est beaucoup plus affectée par les variations de l'adhérence, on est obligé, pour éviter d'en manquer, d'adopter le poids de machine qui correspond à sa limite inférieure, et à sacrifier ainsi l'effet utile des machines à la régularité de marche des trains[1]; de là résulte une infériorité encore plus sensible que celle qui est accusée par les tableaux ; ou, pour mieux dire, on aurait la mesure de cette infériorité en ne considérant de ces tableaux que celui où l'adhérence a été comptée à son minimum, soit 0,10, puisque c'est toujours d'après ce minimum que la charge des trains devra être réglée dans la pratique.

Pour permettre d'évaluer complètement l'effet utile des deux systèmes, nous joignons un tableau n° 2 (page 54), qui présente le rapport entre l'effort *utile* de traction d'un train de 100 tonnes et l'effort total à exercer dans les divers cas de rampes et de système de machine. Nous nous sommes borné à calculer ces résultats avec une adhérence de 0,10, cette valeur étant, d'après la remarque faite plus haut, celle à laquelle il faut s'en tenir, si l'on veut avoir une comparaison exacte des deux systèmes.

Les équations (2) et (4) sont celles de deux hyperboles, si l'on y prend R et α pour variables. Dans ces courbes qui composent les trois tableaux graphiques 1, 2 et 3, (pl. 52) les ordonnées sont les nombres correspondants aux diverses adhérences dans le tableau n° 1. Nous avons en outre tracé deux lignes droites. La ligne inférieure est celle des efforts *utiles*, c'est-à-dire qu'elle a pour ordonnées les résistances à la traction du train de 100 tonnes seul sur les diverses rampes. La ligne supérieure est celle des efforts de traction à développer pour remorquer le train de 100 tonnes en employant le système de traction par câble et locomoteur proposé par M. Agudio, dans l'hypothèse de plans inclinés d'une longueur minimum de 6 kilomètres, et en adoptant d'ailleurs toutes les données admises par l'inventeur.

On voit que, même en adoptant l'adhérence de 0,10, les effets utiles de

---

[1] Encore ce résultat est-il bien loin d'être toujours atteint. Nous citerons entre autres les lignes de l'Apennin, où les trains de 100 à 120 tonnes sont traînés sur les pentes de 25 millimètres par les machines Benguiot dont le poids atteint 70 tonnes (approvisionnement compris), sans pourtant que la marche des trains puisse être encore régularisée d'une manière complète, malgré tous les efforts faits jusqu'à ce jour.

ce système, plus avantageux que ceux du système ordinaire pour des inclinaisons supérieures à 45 millimètres, sont inférieurs à ceux du système à rail central, jusques et y compris l'inclinaison de 100 millimètres qui peut être prise comme limite extrême.

Nous ferons remarquer en outre que nos évaluations ne tiennent pas compte de la résistance due aux courbes, résistance qui affecterait encore bien plus défavorablement les chiffres relatifs au système ordinaire, et surtout au système Agudio, pour lequel la limite inférieure du rayon des courbes est, d'après l'inventeur lui-même, 300 à 400 mètres.

Nous donnons en outre un tableau n° 3 (page 55) qui présente pour les inclinaisons de 0 à 100 millimètres, le poids de la machine strictement nécessaire pour remorquer le train de 100 tonnes, dans les deux systèmes de traction par locomotive ordinaire et par locomotive à rail central; l'adhérence admise a été celle de 0,10, par les raisons exposées précédemment.

Les dernières colonnes de ce tableau donnent les poids de machine auxquels on arrive, pour chaque rampe, quand on adopte les deux systèmes de locomotive, et que l'on calcule, à l'aide des efforts de traction précédemment déterminés et de vitesses données pour chaque inclinaison, les quantités de travail correspondantes. Pour arriver à ces poids, nous avons admis pour le système ordinaire 120 kilos par force de cheval, et 112 kilos pour le système à rail central. Nous n'avons, du reste, donné ces calculs que jusqu'à 80 millimètres inclusivement.

Nous ferons observer que ces deux chiffres (120 et 112 kilos) correspondent, l'un à la machine de M. Petiet, qui pèse 60 tonnes, et l'autre à la machine n° 2 de M. Fell, qui n'en pèse que 17. Il est donc à croire que l'emploi de ces deux facteurs donne pour le système ordinaire des nombres trop faibles, et pour le système à rail central des nombres trop forts, car les machines de 17 tonnes du système ordinaire pèsent bien plus de 120 kilos par force de cheval, et, d'un autre côté, il est infiniment probable qu'une machine de 60 tonnes du type Fell n° 2 serait bien plus légère par force de cheval que celle de 17 tonnes du Mont-Cenis, l'avantage étant toujours, sous ce rapport, aux machines les plus puissantes.

Malgré cette cause d'infériorité, on remarque que :

1° Pour les machines ordinaires, le poids calculé à raison de 120 kilos par force de cheval, c'est-à-dire celui qui résulte de la condition d'avoir la surface de chauffe nécessaire, est, à partir de 20 millimètres, inférieur au poids déterminé par la seule condition de l'adhérence;

2° Pour la locomotive à rail central, le poids déterminé par la surface de chauffe, à raison de 112 kilos par force de cheval, est toujours supérieur à celui qui résulte de la condition de l'adhérence pour les inclinaisons qui ne dépassent pas 50 millimètres, et les différences sont assez faibles, surtout aux environs de 50 millimètres, pour pouvoir être regagnées par les allégements dont les machines puissantes sont susceptibles.

Il suit de là d'une part que, *dès la pente de* 20 *millimètres* par mètre, l'adhérence devient insuffisante pour les machines du type ordinaire, et que, pour les mettre en état d'utiliser leur puissance de vaporisation, il faut accroître artificiellement leur poids. C'est à cette inclinaison, par conséquent, qu'il semblerait qu'on doive établir la limite au delà de laquelle ce système de machine commence à perdre ses avantages. Ainsi sur les rampes de 40$^m/_m$, une machine ordinaire de 43,992 kilog., soit 44 tonnes, devrait être lestée de 31 tonnes environ pour remorquer le train de 100 tonnes utiles à la vitesse de 12 kilomètres à l'heure.

Pour les machines du type à rail central, au contraire, l'adhérence est plus que suffisante, et loin d'avoir à ajouter du poids, il faudra par tous les moyens possibles arriver à en retrancher. La voie du progrès est donc toute tracée pour cette espèce de locomotive, et les perfectionnements déjà obtenus sous le rapport du poids dans un grand nombre d'autres machines [1] trouveront ici leur application.

Toutefois la conclusion à laquelle nous arrivons pour la locomotive ordinaire suppose l'adoption des vitesses choisies arbitrairement qui figurent dans notre tableau. Il est évident qu'on pourrait, au lieu de *lester* la machine en ajoutant du poids mort, utiliser ce surcroît de poids en augmentant la surface de chauffe, et augmenter conséquemment la vitesse. Aussi la comparaison des quantités de travail dépensées dans chaque cas, ne peut-elle mener à une conclusion rigoureuse.

Pour éclaircir cette question, reprenons les équations (1) et (2) qui donnent pour le poids de la machine ordinaire

$$M = t \frac{a + \alpha}{f - \alpha} \qquad (1)$$

pour l'effort de traction

$$R = (f + 10) \frac{a + \alpha}{f - \alpha} t. \qquad (2)$$

Soit V la vitesse en mètres par seconde, et T le travail en chevaux,

$$T = \frac{VR}{75} = \frac{V}{75} (f + 10) \frac{a + \alpha}{f - \alpha} t$$

Soit n le poids par force de cheval auquel on arrive dans ce système de machine; le poids total nécessaire pour que, à la vitesse donnée V la machine utilise toute sa puissance de vaporisation, sera

$$M' = nT = \frac{nV}{75} (f + 10) \frac{a + \alpha}{f - \alpha} t,$$

1. Notamment les pompes à incendie à vapeur dont le poids par force de cheval a été réduit à 70 et même 50 kilogrammes.

et si l'on veut que cette valeur du poids satisfasse à la condition de l'adhérence, il faudra poser

$$M = M',$$

d'où on conclut :

$$\frac{n\,V}{75}\,(f + 10) = 1,$$

et

$$V = \frac{75}{n\,(f + 10)}. \tag{5}$$

On remarque que V est *indépendant de l'inclinaison de la rampe et du poids du train.*

Faisant $f = 100$ et $n = 0^t,120^k$, on trouve :

$$V = 20,412^m.$$

En adoptant cette vitesse pour la locomotive ordinaire, on pourra consacrer le supplément de poids à créer la surface de chauffe voulue pour l'utilisation complète de cette adhérence.

Autrement dit, la vitesse de 20,412 mètres par heure est la seule à laquelle les machines ordinaires pesant 120 kilog. par force de cheval devront travailler, avec l'adhérence de 0,10 et *quelle que soit* la pente, pour utiliser à la fois et complétement leur adhérence et leur surface de chauffe. C'est donc à cette vitesse qu'il convient de les comparer aux autres systèmes.

Considérons maintenant les équations (3) et (4) qui donnent

$$(3)\quad M = t\,\frac{(a + \alpha)}{f\,(1 + K) - \alpha} \qquad (4)\quad R = t\,\frac{(1 + K)\,(a + \alpha)\,(f + 10)}{f\,(1 + K) - \alpha},$$

pour le poids et l'effort de traction des machines à rail central.

Nous trouverons comme tout à l'heure :

$$T = \frac{VR}{75} = \frac{tV}{75}\,\frac{(1 + K)\,(a + \alpha)\,(f + 10)}{f\,(1 + K) - \alpha},$$

et si n' représente le poids par force de cheval,

$$M' = n'\,T.$$

Si l'on veut que cette valeur du poids de la machine satisfasse à la condition de l'adhérence, il faudra poser

$$M = M',$$

d'où on conclut

$$(6)\quad V = \frac{75}{n'\,(1 + K)\,(f + 10)}.$$

Cette équation renferme deux variables V et K, qui sont liées par la condition qu'elle exprime. Mais l'on voit sur-le-champ que V ne peut dépasser un maximum, celui qui correspond au cas où $K = 0$, car alors on reviendrait aux locomotives ordinaires. En donnant à n' la valeur $0^t,112^k$ résultant de la machine n° 2 de M. Fell, on trouve pour $K = 0$, $V = 6^m,09$, ce qui répond à $21,924^m$ à l'heure.

On peut donc dire que la vitesse de 22 *kilomètres à l'heure* est le *maximum* auquel puisse atteindre une locomotive à rail central pesant 112 kil. par force de cheval *quels que soient la pente et le train qu'elle a à remorquer*, si l'on veut qu'elle utilise complétement sa surface de chauffe et son adhérence.

Ce résultat est très-remarquable en ce qu'il limite sur-le-champ les applications de ce genre de machines, et qu'en même temps il fait justice des prétentions déraisonnables qui ne vont à rien moins qu'à substituer ce mode de traction à celui employé pour les trains à grande vitesse sur les grandes lignes à faibles pentes.

Si l'on donne à K la valeur $1,5$ que nous avons introduite dans les calculs numériques qui précèdent, on trouve pour V la valeur $2^m,44$ qui correspond à $8^k,734$ mètres à l'heure, minimum fort admissible pour les fortes pentes, mais que nous n'adopterons cependant pas pour la comparaison avec la machine ordinaire.

Pour faire cette comparaison, nous adopterons la valeur de K qui correspond à la vitesse moitié de celle que nous avons déterminée plus haut pour la machine ordinaire, c'est-à-dire $20,412$ mètres à l'heure. Cette vitesse est de $10,206$ qui répond à $2^m,83$ par seconde. La valeur de K correspondante est $1,15$.

En adoptant cette base, nous pourrons comparer, comme l'a fait le capitaine Tyler, les quantités de travail dépensées dans chaque système pour des pentes moitié les unes des autres.

C'est ainsi qu'a été calculé le tableau n° 4 (page 56) : à l'inspection de ce tableau, on reconnaît qu'en comparant le travail dépensé pour une rampe donnée par la machine ordinaire, avec celui que consomme la machine à rail central sur une rampe double, il y a une économie de 30 à 40 p. % en faveur de ce dernier système, quand on rapporte la dépense au poids utile remorqué, poids qui est ici de 100 tonnes.

Si l'on compare les dépenses de travail mécanique sur *la même rampe*, on reconnaît que la réduction dans cette dépense pour les pentes de 20 à 30 millimètres va jusqu'à 60 et 72 p. %, en faveur du rail central, quoique la réduction dans la vitesse ne soit que de 50 p. %. Il y aura donc, en laissant de côté l'économie de premier établissement, qui résulterait de l'adoption de pentes doubles de celles actuellement en usage, et en considérant une ligne *existante* à profil accidenté, avantage à recourir au troisième rail toutes les fois que la vitesse des trains pourra, sans inconvénient pour le service, être réduite au-dessous de 20 kilomètres à l'heure. Ces cas sont exceptionnels, il est vrai, mais ils peuvent se rencontrer.

Il nous reste quelques conséquences à tirer des équations (5) et (6).

4

Nous avons dit, comme résultant de l'équation,

$$(5) \qquad V = \frac{75}{n\,(f + 10)},$$

que la vitesse de 20,412 mètres à l'heure, qui correspond à $n = 0^t,120$ et $f = 100$, était la seule à laquelle les machines ordinaires à roues toutes adhérentes pouvaient utiliser à la fois leur adhérence et leur puissance de vaporisation.

Pourtant, dans la pratique, cette vitesse est énormément dépassée, notamment sur les lignes à faible inclinaison et par les machines à roues libres. Le tableau n° 3 (page 55) donne l'explication de ce fait : on y voit, en effet, que, pour obtenir la surface de chauffe nécessaire à la traction de 100 tonnes à la vitesse de 72 kilomètres à l'heure sur palier, il suffit d'ajouter au poids exigé par l'adhérence un supplément de 11 tonnes seulement, ce qui n'augmente que faiblement l'effort de traction.

En revanche, si l'on veut descendre au-dessous de cette limite, on voit par ce même tableau que, pour obtenir l'adhérence voulue à la vitesse de 10 kilomètres à l'heure, par exemple, sur rampe de 50, il faut ajouter un lest ou poids mort de 57 tonnes, ce qui augmente énormément l'effort de traction.

La vitesse de 20 kilomètres à l'heure doit donc être considérée plutôt comme un minimum correspondant aux machines à roues toutes adhérentes et à l'adhérence de $^1/_{10}$. Il va sans dire que l'hypothèse d'une adhérence plus forte réduirait ce minimum : ainsi, pour 0,14, on trouverait 16 kilomètres à l'heure. Mais pour la traction en pays de montagne, c'est $^1/_{10}$ qu'il faut adopter, et 20 kilomètres est alors la règle.

C'est là que commence le rôle de la machine à rail central, qui ne peut dépasser supérieurement 22 kilomètres à l'heure, mais qui peut inférieurement descendre aussi bas qu'on le voudra, moyennant l'augmentation de K, ainsi que l'indique la formule

$$(6) \qquad V = \frac{75}{n'\,(f + 10)\,(1 + K)}.$$

Les deux types de machines ont donc des fonctions bien déterminées et ne sont pas faites pour entrer en lutte : là où finit la supériorité de l'une commence le domaine de l'autre, et c'est la vitesse qui établit la ligne de démarcation.

Il y a cependant une observation importante à faire : si l'on réduit n (équation 5), on augmente V, c'est-à-dire que les allégements que l'on réaliserait sur la machine ordinaire ne lui profiteraient pas comme machine à petite vitesse, puisqu'ils ne feraient qu'élever la limite *au-dessous* de laquelle elle commence à perdre ses avantages.

Au contraire en réduisant n', on augmente V' (équation (6)), c'est-à-dire que l'on élève la limite de vitesse *au-dessus* de laquelle la machine à rail central perd sa raison d'être, et en même temps, moyennant une augmentation correspondante de K, on peut descendre inférieurement aussi bas que l'on veut.

Ainsi donc, les allégements pour la machine ordinaire ne lui sont profitables que quand on l'emploie à grande vitesse : à faible vitesse, ils lui sont nuisibles. Au contraire, en allégeant la machine à rail central, on favorise son emploi à des vitesses plus fortes, sans cependant nuire à sa supériorité comme moteur à faible vitesse.

Beaucoup de personnes considéreront peut-être comme chimérique la réduction de la vitesse des trains au-dessous de 20 kilomètres. Il n'est cependant pas douteux que si l'on pouvait, sur certains passages difficiles, réduire accidentellement la vitesse des trains, sauf à la relever une fois le passage franchi, cela vaudrait infiniment mieux, comme service, que le dédoublement des trains, l'emploi des doubles tractions, ou les plans inclinés avec câbles et poulies. Nous en citerons un exemple qui nous donnera en même temps l'occasion de tirer parti de la formule (6).

En étudiant le service de la ligne de Saint-Michel à Suze, on a reconnu qu'on pourrait faire faire le trajet entier aux trains de marchandises en 8 heures, en adoptant sur les rampes de 0,077 une vitesse de 6 kilomètres à l'heure, et sur les parties en rampe inférieure à 40 $^m/_m$ une vitesse moyenne de 14 kilomètres. Or le trajet en 8 heures répond à tous les besoins.

Ici se présente une question dont la formule (6) donne la solution immédiate. Quelle doit être la pression à exercer sur le rail central pour marcher à cette vitesse de 6 kilomètres ? La formule donne K = 2,60 environ.

Il faudra donc, pour utiliser toute la puissance de vaporisation à cette vitesse, que la pression puisse, sur le rail central, être portée au poids de la machine, multiplié par 2,6, soit 44 tonnes environ, chiffre qui peut être atteint sans difficulté.

Il va sans dire que ce résultat suppose $f = 100$ et $n' = 0^t,112$. Or il est clair que n' est fonction de K, car pour pouvoir réaliser une pression de 44 tonnes, le poids d'un certain nombre de pièces devrait être augmenté, de manière à dépasser le chiffre de 112 kilos par force de cheval.

Il serait facile de tenir compte de cette circonstance en posant

$$n' = n + mK,$$

et en calculant n et m d'après les données de la machine actuelle. En substituant dans la formule (6) on en tirerait une équation du deuxième degré en K. Mais en la résolvant on trouve pour K un chiffre très-voisin de celui que nous avons obtenu par l'équation (6). De sorte que cette méthode, plus rigoureuse, n'est, en définitive, pas beaucoup plus exacte, tout en étant plus compliquée ; car il va sans dire que la pression horizontale n'a pas besoin d'être déterminée avec une précision mathématique, puisqu'elle dépend du poids, qui varie lui-même avec les variations de l'approvisionnement.

———

Les tableaux graphiques n°s 4, 5 et 6 (pl. 52) sont la traduction en courbes des chiffres donnés par le tableau n° 4 (page 56). Nous avons ajouté sur le tableau graphique n° 4 les lignes relatives au système Agudio, desquelles il résulte que ce système, au point de vue du travail mécanique, ne l'emporte sur les machines ordinaires, à la vitesse de 20 kilomètres, qu'à partir de la rampe de 45 $^m/_m$, et qu'il est constamment inférieur, tant à 10 qu'à 20 kilomètres, aux locomotives à rail central.

Tableaux numériques.

TABLEAU N° 1 donnant l'effort de traction total à exercer pour remorquer un train utile de 100 tonnes, sur des rampes dont l'inclinaison varie de zéro à 100 millimètres, et pour différentes valeurs du coefficient d'adhérence, en employant :

1° La locomotive ordinaire à roues toutes adhérentes;

2° La locomotive à roues horizontales exerçant sur un rail une pression égale à une fois et demie son poids.

INCLINAISONS.	ADHÉRENCE ÉGALE A 0,10.		ADHÉRENCE ÉGALE A 0,15.		ADHÉRENCE ÉGALE A 0,20.	
	MACHINE ordinaire.	MACHINE à rail central.	MACHINE ordinaire.	MACHINE à rail central.	MACHINE ordinaire.	MACHINE à rail central.
millim.	kilos.	kilos.	kilos.	kilos.	kilos.	kilos.
0	550	550	530	530	525	525
10	1.830	1.710	1.710	1.640	1.650	1.600
20	3.440	2.940	3.080	2.810	2.910	2.730
30	5.500	4.380	4.660	4.060	4.320	3.900
40	8.250	5.790	6.540	5.370	5.900	5.130
50	12.100	7.560	8.800	6.760	7.700	6.410
60	17.870	9.400	11.550	8.250	9.750	7.750
70	27.500	11.450	15.000	9.830	12.110	9.150
80	46.750	13.740	19.430	11.520	14.870	10.620
90	104.500	16.330	25.330	13.330	18.130	12.160
100	∞	19.250	33.600	15.260	22.050	13.780

TABLEAU N° 2 *donnant le rapport de l'effort* utile *de traction d'un train de* 100 *tonnes, sur diverses rampes et en supposant pour coefficient d'adhérence une valeur de* 0,10, *à l'effort de traction* total *nécessaire en employant :*

1° *La locomotive ordinaire à roues toutes adhérentes ;*

2° *La locomotive à roues horizontales exerçant sur un rail une pression égale à une fois et demie son poids ;*

3° *Le système funiculaire inventé par M. Agudio.*

INCLINAISONS.	MACHINE ORDINAIRE.	MACHINE A RAIL CENTRAL.	SYSTÈME AGUDIO.
millimètre.	kilos.	kilos.	kilos.
0	0.900	0.900	0.469
10	0.819	0.874	0.469
20	0.728	0.848	0.469
30	0.636	0.798	0.469
40	0.545	0.777	0.469
50	0.454	0.729	0.469
60	0.363	0.694	0.469
70	0.272	0.655	0.469
80	0.181	0.618	0.469
90	0.090	0.584	0.469
100	0.000	0.545	0.469

TABLEAU N° 3 *donnant le poids minimum que doit atteindre, avec l'adhérence de 0,10 :*

1° *La locomotive ordinaire à roues toutes adhérentes;*

2° *La locomotive à rail central (avec* K = 1,5)*, pour remorquer un train utile de 100 tonnes sur diverses rampes, comparé avec le poids qui doit résulter, pour chaque système, de l'étendue de la surface de chauffe correspondante, calculée pour différentes vitesses.*

INCLINAISONS.	Poids nécessaire en raison de l'adhérence de la locomotive		VITESSES en kilomètres à l'heure.	Travail total correspondant en chevaux de la locomotive		Poids nécessaire pour suffire à la production de vapeur de la	
	ordinaire.	à rail central (K = 1,5.)		ordinaire.	à rail central (K = 1,5.)	Locomotive ordinaire (Système Pollet) à raison de 120 kilos par force de cheval.	Locomotive à rail central (K = 1,5) à raison de 112 kilos par force de chev.
millim	kilos.	kilos.	kilom.	chevaux.	chevaux.	kilos.	kilos.
0	5.000	2.000	72	146.66	146.66	16.352	16.352
10	16.440	6.250	30	203.33	190.00	24.400	21.280
20	31.250	10.860	20	254.80	217.77	30.576	24.390
30	50.000	15.900	15	305.50	243.33	36.660	27.252
40	75.000	21.430	12	306.60	257.30	43.992	28.617
50	110.000	27.500	10	448.10	280.00	53.772	31.360
60	162.500	34.730	10	659.40	346.86	78.128	38.852
70	250.000	41.660	10	1.014.75	422.50	121.680	47.320
80	425.000	50.000	10	1.725.00	482.80	207.100	54.073
90	950.000	50.440	»	»	»	»	»
100	∞	70.000	»	»	»	»	»

TABLEAU N° 4 *donnant le poids, l'effort de traction et le travail en chevaux calculés, pour l'adhérence de 0,10, et avec un train utile de 100 tonnes :*

1° *Pour la locomotive ordinaire à roues toutes adhérentes ;*

2° *Pour la locomotive à rail central avec* K = 1,15 *aux vitesses respectives de 20,412 et 10,206 mètres à l'heure, vitesses avec lesquelles chacune de ces machines utilise complétement, sur les diverses rampes, l'adhérence et la puissance de vaporisation dont elle dispose, en vertu de son poids compté à raison de 120 et de 112 kilos, respectivement, par force de cheval développée.*

INCLINAISONS.	LOCOMOTIVE ORDINAIRE marchant à la vitesse normale de 20,412 mètres à l'heure, et pesant 120 kilos par force de cheval développée.			LOCOMOTIVE A RAIL CENTRAL marchant à la vitesse de 10,206 mètres à l'heure, et pesant 112 kilos par force de cheval développée (K = 1,15).		
	POIDS.	Effort de traction.	Travail en chevaux.	POIDS.	Effort de traction.	Travail en chevaux.
Millimètres.	kilos.	kilos.	chevaux.	kilos.	kilos.	chevaux.
0	5.000	550	41.580	2.330	550	24.56
10	16.440	1.833	138.348	7.310	1.730	48.96
20	31.250	3.440	260.064	12.840	3.032	85.80
30	50.000	5.500	415.800	19.460	4.474	126.61
40	75.000	8.250	623.700	25.710	6.081	172.09
50	110.000	12.100	914.760	33.330	7.884	223.11
60	162.500	17.870	1.350.972	41.930	9.917	286.65
70	250.000	27.500	2.079.000	51.710	12.230	346.10
80	425.000	46.750	3.534.300	63.030	14.890	421.38
90	950.000	104. 5	7.900.200	76.000	17.974	508.66
100	∞	∞	∞	91.300	21.158	598.77

TABLEAU N° 5 *donnant le travail en chevaux-vapeur nécessaire pour remorquer sur diverses pentes un train utile de 100 tonnes (l'adhérence étant de 0,40), par les machines ordinaires et à rail central et par le locomoteur Agudio.*

INCLINAISONS.	A LA VITESSE de 20.412 mètres à l'heure.		A LA VITESSE de 10.206 mètres à l'heure.	
	Avec la machine ordinaire.	Avec le locomoteur Agudio.	Avec la locomotive à rail central (K = 1,15).	Avec le locomoteur Agudio.
Millimètres.	chevaux.	chevaux.	chevaux.	chevaux.
0	41.580	80.506	24.56	40.253
10	138.348	237.386	48.96	118.733
20	260.064	390.093	85.80	195.046
30	415.800	542.053	126.64	271.026
40	623.700	680.666	172.09	340.333
50	914.760	850.506	223.14	425.253
60	1.350.972	1.004.720	280.65	502.360
70	2.079.000	1.155.920	346.10	577.860
80	3.534.300	1.309.386	421.38	654.693
90	7.900.200	1.508.243	508.66	754.106
100	∞	1.616.946	598.77	807.973

NOTES A L'APPUI.

NOTE A.

La limite de la pression à appliquer aux roues horizontales qui agissent sur le rail central ne peut être déterminée d'après les bases admises pour les roues des machines ordinaires. Pour ces dernières, c'est la résistance des rails à l'écrasement qui seule détermine le maximum de pression. En Angleterre, on admet couramment 15 tonnes par essieu. En France, après avoir dépassé 14 et 15 tonnes par essieu, soit 7 tonnes et demie par roue, il y a eu une réaction, et on tend aujourd'hui à ne pas dépasser 12 tonnes, soit 6 tonnes par roue. Par une coïncidence du reste fort naturelle, cette réaction a été contemporaine d'une amélioration fort notable des procédés de fabrication et de la durée des rails. Il n'est pas douteux que, sur la plupart des grandes lignes, les rails résisteraient aujourd'hui à des pressions plus fortes, et l'ingénieur en chef du chemin de fer du Nord déclarait à la Société des ingénieurs civils, dans une discussion récente, qu'il verrait sans appréhension pour la durée des rails une augmentation de poids dans le matériel.

Les conditions de service du rail central ne sont pas du tout comparables à celles des rails extérieurs. Laissant de côté celles de ces différences qui n'ont trait qu'au mode de pose, la différence essentielle au point de vue de la durée est que le rail central n'éprouve pas de flexion sous la charge, puisque les pressions des roues horizontales se détruisent deux à deux. Il en résulte d'abord que les chances de rupture pour ce rail sont considérablement atténuées, point important pour la sécurité. On voit de plus que les chances de conservation en sont singulièrement favorisées. On sait en effet que les rails ne périssent d'une manière générale, que par la dessoudure des *misès* dont sont formés leurs *champignons*. Or il est évident que les flexions et redressements alternatifs, combinés avec une pression normale, sont la cause déterminante de ces dessoudures. Il faut remarquer aussi que les rails ordinaires des voies ont des surfaces de roulement fortement bombées, disposition nécessitée par la conicité des roues et les mouvements de lacet qu'occasionnerait une surface de roulement par trop plate. Pour le rail central, au contraire, les roues horizontales étant cylindriques, les surfaces de roulement peuvent être planes et les points de contact seront ainsi multipliés.

Il est difficile d'évaluer l'influence que ces diverses circonstances pourront avoir sur la durée du rail central et sur la limite de pression qu'il pourra supporter sans écrasement et sans exfoliation. Mais il n'est pas douteux que la pression des roues horizontales ne puisse dépasser notablement celle des roues verticales. Il est permis de croire que 40 tonnes de pression par roue horizontale ne serait pas une limite exagérée. Au surplus, l'emploi de l'acier Bessemer, qui ne donne pas lieu pour le rail central aux mêmes objections de dépense que pour les rails extérieurs, puisqu'il est unique et ne doit être posé que sur les parties assez rares où les rampes dépasseront 40 $^m/_m$, permettrait sans danger d'atteindre cette limite.

NOTE B.

L'exécution des chemins de fer *d'intérêt local* est en ce moment la question à l'ordre du jour. La grande difficulté qui rend problématique l'exécution immédiate de ce réseau, d'une importance cependant si grande et si actuelle, est le prix d'établissement de ces lignes. L'opinion répandue est qu'on peut construire la plupart des chemins d'intérêt local au prix de 100,000 francs le kilomètre. Malgré toute la libéralité que les préfets pourront introduire dans les cahiers des charges, il y aura beaucoup à rabattre sur cette opinion, ainsi que l'a prouvé une récente brochure de M. A. Férot, *les Chemins de fer en 1865*.

Un moyen de réduire les dépenses a été proposé depuis plusieurs années, dans un remarquable travail de MM. Molinos et Pronnier. Il consiste à affecter les routes départementales à l'exécution de ces lignes, en consacrant une partie de la chaussée à l'établissement du chemin de fer, et réservant le surplus à la circulation locale.

Dans quelques cas, ce système serait suffisant pour réduire le capital à débourser au chiffre dont les revenus nets du chemin pourraient représenter l'intérêt. Mais, la plupart du temps, les pentes des routes départementales dépassent l'inclinaison de 30 à 35 millimètres que l'on peut considérer comme la limite où la locomotive ordinaire cesse d'être applicable, de même que les courbes y présentent des rayons inadmissibles. On ne pourrait donc utiliser les routes départementales qu'en effectuant sur un grand nombre de points des rectifications très-coûteuses ; d'ailleurs le poids des locomotives qu'il faudrait adopter pour rester dans les limites de rampes dont nous venons de parler entraînerait la reconstruction de la plupart des ouvrages d'art.

La machine à rail central pourra seule permettre de franchir sans rectification les passages les plus difficiles, et, grâce à sa légèreté, de conserver la plupart des ouvrages d'art, ou tout au moins de ne leur appliquer que des travaux de consolidation peu importants. Elle se présente donc comme une solution aussi parfaite que possible de cette importante question, et nous sommes convaincus que l'établissement du chemin de fer sur la route du Mont-Cenis lèvera à cet égard tous les doutes.

L'adoption d'une voie plus étroite que la voie de $1^m,45$ généralement appliquée en France, a été proposée comme moyen de réaliser des économies sur la construction. Cette mesure ne sera pas obligatoire pour des chemins de fer construits sur des routes, à moins qu'on ne recule devant la dépense d'élargissement qui sera, dans certains cas, nécessaire pour réserver un passage suffisant au trafic local. L'inconvénient de la largeur de voie réduite est la nécessité du transbordement aux points de jonction avec les grandes lignes. Cependant l'exemple du chemin de fer de Mondalazac à Salles-la-Source, établi par le chemin de fer d'Orléans avec une voie réduite, montre que la dépense et les inconvénients du transbordement sont faibles, et ne peuvent être mis en balance avec l'économie résultant de la réduction de la largeur de voie. Le transbordement est également pratiqué entre le chemin de fer du Midi d'une part, et ceux d'Orléans et de la Méditerranée d'autre part, par suite des différences d'écartement d'essieux qui ne permettaient pas de manœuvrer les wagons du Midi sur les plaques tournantes des autres lignes, et il ne paraît pas que cette obligation soit très-onéreuse ni très-gênante. Les adversaires les plus déterminés de la voie réduite n'en évaluent pas les frais à plus de 60 centimes par tonne. Ils se sont réduits pour certaines classes de marchandises à 15 ou 16 centimes.

NOTE C.

Comme machine susceptible de développer à très-faible vitesse un effort considérable de traction, la locomotive à rail central paraît devoir convenir parfaitement au touage sur les canaux. A la vitesse de 1 mètre par seconde, une péniche ordinaire pouvant transporter 100 tonnes exige un effort de 300 kilos. Un train de 10 péniches représentant 1,000 tonnes de poids utile, exige donc un effort de 3,000 kilos.

La formule

$$V = \frac{75}{n\,(f+10)\,(1+K)}$$

donne, en faisant $V = 1$, $f = 100$, $n = 112$,

$$K = 4,7.$$

D'autre part, la formule

$$R - r = M\,(1+K)\,f$$

dans laquelle on fait

$$R - r = 3,000^k, \; K = 4,7, \; f = 100,$$

donne

$$M = 5,260^k,$$

et par suite

$$P = M K = 24,740^k.$$

Une machine pesant 5,260 kilos avec ses approvisionnements et pouvant développer sur un rail central une pression totale de 24,740 kilos, soit environ 6,200 kilos par roue, pourrait faire le service dont il s'agit, dans des conditions évidemment très-économiques.

Le calcul que nous venons de faire suppose une adhérence de 0,40 et la machine circulant sur des rails; mais il est évident que l'on pourrait supprimer les rails extérieurs, car des roues chargées d'une tonne et demie seulement peuvent très-bien circuler sur un chemin de halage, moyennant une largeur de jante un peu plus forte : l'adhérence des roues verticales se trouvant par là considérablement augmentée, on pourrait réduire sensiblement la pression sur le rail central. On arriverait donc à la solution très-simple d'une locomotive pour route, se touant sur un rail unique, qui pourrait être fort léger, et certainement moins coûteux et plus durable surtout que la chaîne de touage dont on fait usage sur les rivières, et qui a été proposée récemment pour les canaux.

NOTE D.

Des réclamations relatives à la priorité de l'invention du rail central ayant été soulevées dans ces derniers temps, nous croyons devoir présenter un historique de la question à ce point de vue.

Le premier brevet pris pour cette application remonte à 35 ans : il a été accordé le 7 *septembre* 1830 à MM. *C. B. Vignoles*, célèbre ingénieur anglais [1], et Ericsson, ingénieur suédois [2].

Le 15 *octobre* 1840, un nouveau brevet relatif à cette application fut pris par *Henri Pinkus*, inventeur anglais.

Ce n'est que le 18 *décembre* 1843 que *M. le baron Séguier*, dans une communication à l'Académie des sciences, proposa, comme moyen d'éviter les déraillements, l'emploi du rail central, appliqué *même*, ou pour mieux

---

1. Le même dont le nom a été donné au rail à patin, qu'il a introduit le premier sur le continent, en Allemagne et en Suisse.

2. Le même qui a construit les premiers *monitors* et les machines à air chaud.

dire *surtout*, aux grandes lignes à faibles pentes et, partant, à fortes vitesses.

Le 5 *décembre* 1846, un brevet fut pris par *M. le baron Séguier*, pour ce système dont il se disait, évidemment de très-bonne foi, l'inventeur, et dont il a été, dans tous les cas, le promoteur très-actif.

Le 13 *juillet* 1847, un brevet fut pris en Angleterre par *A. V. Newton*, ayant trait au rail central.

Ce n'est qu'en 1863 (le 20 *janvier* et le 16 *décembre*) qu'ont été pris les deux brevets de *M. Fell* sous le titre de *perfectionnements aux machines locomotives et aux voitures de chemins de fer*. Dans ces deux brevets, M. Fell ne s'est nullement proposé de s'approprier l'invention du rail central qu'il pouvait, à bon droit, considérer comme tombée dans le domaine public, mais simplement les procédés tout à la fois ingénieux et pratiques par lesquels il a réussi à appliquer d'une manière satisfaisante le principe de l'adhérence supplémentaire.

Indépendamment de l'énergie, de la persévérance et du sens pratique très-droit dont il a fait preuve dans la longue suite d'essais et d'expériences dont il est l'auteur, son principal mérite est, à nos yeux, d'avoir compris, ce que la théorie justifie entièrement, que les machines à adhérence supplémentaire ne sont applicables qu'aux fortes rampes et aux faibles vitesses, parce qu'elles permettent de développer dans ces conditions des efforts de traction considérables sous un poids très-réduit.

Personne n'ignore au surplus que ces avantages ont été prévus et indiqués par un haut personnage, dont les vues ne sont pas moins étendues dans les questions de ce genre que dans les questions politiques, et dont le bienveillant patronage vient d'assurer une grande application aux procédés mécaniques dont M. Fell est l'inventeur.

NOTE E.

L'effort moyen de traction développé par la machine du Semmering (modifiée récemment par M. Desgrange) est de 5,136 kilos, la vitesse moyenne est de 15 kilomètres à l'heure.

D'après les comptes rendus de M. Desgrange pour l'année 1863, les frais de traction s'élèvent à 2 fr. 16 par kilomètre de train, attelé d'une machine.

On peut conclure de ces données la dépense par heure et par force de cheval.

En effet, le travail mécanique est par seconde de $\dfrac{5,136^k \times 15,000}{3,600 \times 75}$, soit 281 chevaux.

Le parcours en une heure étant de 15 kilomètres, la dépense est, pendant ce temps, de 2 fr. 16 × 15, soit 32 fr. 40.

La dépense par cheval de force et par heure serait donc $\dfrac{32^f,40}{281}$; mais il faut tenir compte de ce qu'à la descente les machines ne travaillent pas, ce qui double la dépense par force de cheval effectivement produite. On arrive donc à l'expression $\dfrac{32^f,40 \times 2}{281} = 0^f,23$.

Sur la ligne de Giovi, l'effort de traction est de 2,570 kilos par machine simple, et la vitesse de 24 kilomètres. Les frais de traction sont de 1^f,36 par kilomètre et par machine.

Le nombre de chevaux par machine est $\dfrac{2,570 \times 24,000}{3,600 \times 75} = 225$.

La dépense par cheval sera donc, en tenant compte du travail à vide à la descente $\dfrac{1^f,36 \times 24 \times 2}{225} = 0^f,29^c$.

On voit que les chiffres trouvés pour le coût du cheval-vapeur sur ces deux lignes diffèrent peu, et la différence s'explique par le prix plus élevé du combustible (55 fr. la tonne) sur les lignes du nord de l'Italie. En Autriche, le combustible est un lignite de mauvaise qualité, mais coûtant très-peu (22 fr. la tonne).

On peut donc conclure de ces résultats que la dépense de traction sur une ligne à forte pente où la valeur du combustible serait la moyenne de ces deux valeurs extrêmes, rapportée au cheval de travail mécanique, donnerait un chiffre à peu près moyen entre ceux que nous venons de trouver, soit 0^f,25 par force de cheval.

Admettant cette base, il est facile de vérifier qu'elle est en parfait accord avec la consommation de combustible que nous avons donnée comme résultant des expériences faites sur le Mont-Cenis.

En effet, le travail mécanique sur la pente de 77$^m/_m$ a été de 160 chevaux, à la vitesse de 12 kilomètres à l'heure ; on aurait donc, en appelant x la dépense de traction par kilomètre :

$$\frac{x \times 12 \times 2}{160} = 0^f,25,$$

d'où l'on tire :

$$x = 1^f,20.$$

Rapportée à la ligne entière, la dépense de combustible résultant des expériences est de 13^k,5 qui, à 40 fr. la tonne (prix maximum du coke à Saint-Michel), donnent 0^f,54. Déduisant ce nombre de 1^f,20, il reste 0^f,66 pour les dépenses de *conduite, graissage, entretien* et *réparation*, marge plus que suffisante, car les dépenses correspondantes sur la ligne de Giovi ne s'élèvent qu'à 0ᶠ,57 et sur les lignes de chemins de fer français ne dépassent pas 45 à 50 centimes.

NOTE **F**.

Le rail central donne à la fois les moyens de satisfaire aux trois conditions principales de la traction sur les lignes de montagne, conditions qui sont les suivantes :

1° Accroissement de la puissance de la machine, combiné avec la réduction de son poids ;

2° Garantie de sécurité contre les ruptures d'attelage et les déraillements, accidents les plus fréquents et les plus redoutables sur les profils accidentés;

3° Réduction considérable de la résistance due au passage dans les courbes, et moyen d'approprier facilement tout matériel donné à la circulation dans les courbes les plus roides.

Les expériences ont démontré la réalisation complète de ce programme. Il n'est pas inutile d'insister sur les dispositions qui ont permis de satisfaire à la troisième de ces conditions.

En adoptant des galets de friction à axe vertical sur tous les véhicules, galets disposés deux à deux de part et d'autre du rail central, et au droit des roues d'avant et d'arrière, M. Fell a donné le moyen pratique d'approprier à la circulation dans les courbes les plus roides, le matériel ordinaire des chemins de fer.

On sait, en effet, que la résistance au passage des courbes se compose de trois termes :

1° Frottement des boudins des roues extérieures contre le rail extérieur de la courbe ;

2° Frottement à la surface des roues, dû à l'inégalité des chemins parcourus sur les deux rails, intérieur et extérieur, par les roues calées sur un même essieu, ou, sur un même rail, par les roues accouplées;

3° Frottement à la surface des roues dans un sens perpendiculaire à l'axe de la voie, occasionné par le changement continuel de direction du véhicule qui se trouve contraint à pivoter sur lui-même.

De ces trois termes, le dernier est, comme on sait, peu important, et peut être négligé. La convergence des essieux peut seul le faire disparaître. Mais cette convergence, qui fait disparaître aussi le deuxième terme, n'a qu'une faible action sur le premier, qui est de beaucoup le plus important, tandis que le rail central le fait disparaître à peu près complétement. En effet, le frottement des boudins contre les rails se trouve alors remplacé par le roulement des galets, c'est-à-dire que la résistance qui en résulte est réduite des 19/20es au moins. Mais ceci suppose que, malgré l'écartement des essieux, on pourra toujours éviter le contact des boudins contre les bords des rails. Il est facile de se rendre compte qu'avec des écartements d'essieux beaucoup plus forts que ceux de la machine n° 2 (qui est de 2m,092), ce résultat pourra toujours être atteint.

Considérons une machine dont les roues extrêmes toucheraient à la fois les faces intérieures des rails d'une courbe. Connaissant l'écartement des essieux, le diamètre des roues, et le rayon de la courbe, il est facile de déterminer l'écartement intérieur à donner aux rails pour que le contact se produise, comme dans la figure n° 2, intérieurement et extérieurement, et en comparant cet écartement à la longueur de la voie généralement adoptée, on verra en ressortir le fait annoncé.

Soit A D (fig. 2) la projection horizontale de l'axe d'un des essieux extrêmes, et A le milieu de cet essieu. Soit F la projection horizontale du point où a lieu le contact entre le rail et la courbe, et F D la trace d'un plan vertical perpendiculaire à l'essieu et passant par ce point, soit $FD = a$; appelons de même R le rayon O A de la courbe, $2d$ l'écartement D D' des gorges des bandages, $2c$ l'écartement A C des essieux extrêmes.

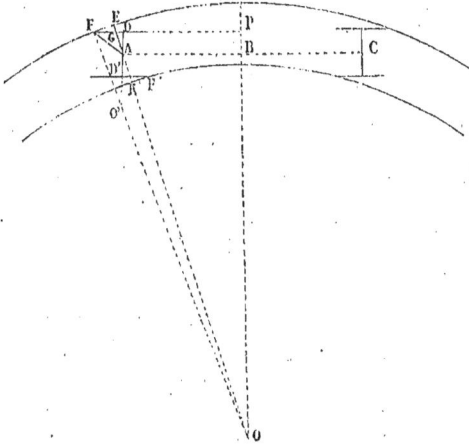

Fig. 2.

Prolongeons le rayon A O jusqu'à la rencontre en E avec le rail extérieur, la longueur A E sera le demi-écartement des rails que nous cherchons à déterminer, car la longueur D'F' étant sensiblement égale à F D, on aura évidemment A E' = A E.

Les deux triangles EFG et GDA, rectangles l'un en E, l'autre en D et et ayant l'angle en G commun, sont semblables et donnent : EG : GD :: FG : GA, d'où $EG = \dfrac{GD \times FG}{GA}$. Or, 1° dans les triangles semblables GDA et ABO

$$GD : AD :: AB : BO \text{ ou } GD : d :: c : \sqrt{R^2 - c^2},$$

d'où
$$GD = \frac{dc}{\sqrt{R^2 - c^2}} \; ;$$

2° Par suite
$$FG = a - \frac{dc}{\sqrt{R^2 - c^2}} \; ;$$

Enfin 3°
$$GA = \sqrt{d^2 + \frac{c^2 d^2}{R^2 - c^2}} = \frac{R d}{\sqrt{R^2 - c^2}}.$$

Substituant ces trois expressions dans la valeur de EG, on obtient :

$$EG = \frac{\dfrac{dc}{\sqrt{R^2 - c^2}} \times \left(a - \dfrac{dc}{\sqrt{R^2 - c^2}}\right)}{\dfrac{Rd}{\sqrt{R^2 - c^2}}}$$

ce qui se réduit à $EG = \dfrac{ca}{R} - \dfrac{dc^2}{R\sqrt{R^2 - c^2}}$.

Mais

$$AE = AG + EG = \frac{Rd}{\sqrt{R^2 - c^2}} + \frac{ca}{R} - \frac{dc^2}{R\sqrt{R^2 - c^2}} = \frac{ca}{R} + \frac{d}{R}\sqrt{R^2 - c^2}.$$

Le second terme de cette expression est toujours plus petit que d dont il diffère d'ailleurs très-peu. On peut donc prendre pour $2AE$ la valeur $\dfrac{2ca}{R} + 2d$, comme étant un peu plus grande que $2AE$, mais de très-peu. Reste à déterminer la longueur $a = FD$, pour que le tout soit connu dans cette expression (car le point F étant situé sur la gorge même du

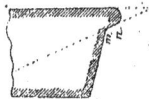

Fig. 3.

bandage, $2d$ ou $2AD$ peut être pris comme égal à l'écartement des bandages à la gorge, sans erreur sensible). En F (fig. 2), a lieu le contact de la surface du rail avec celle du boudin comprise dans la zone *conique* m n. (fig. 3). (On peut se rendre compte par une épure que tant que le rayon des courbes n'est pas inférieur à 100 mètres, le point de contact ne sort pas de cette région.) La surface du rail peut être considérée comme une surface de révolution dont l'axe est une verticale passant par le centre O de la courbe (fig. 2); celle du boudin a pour axe l'horizontale projetée en O'D et qui est l'axe même de l'essieu; on sait que dans ce genre de surface toutes les normales rencontrent l'axe de révolution; la normale au point F, qui est commune aux deux surfaces, rencontrera donc à la fois l'axe de l'essieu et la verticale O. Elle se projettera donc suivant une ligne FO, et son point de rencontre avec l'axe de l'essieu se projettera en O', de sorte que la distance du centre de la roue à ce point de rencontre sera égale à la ligne O'D. Or on a dans les deux triangles semblables O'DF et OFP, FD: O'D :: FP : OP, ou FD : O'D :: C : R, sans erreur sensible.

Considérons maintenant (fig. 4) le cercle de la roue passant par le point F et dont le centre est H; soit S le sommet du cône auquel appartient la zone conique m n, et μ l'angle SFH à la base du cône. Soit r le rayon HF qui est sensiblement égal au rayon de la roue. Si l'on mène dans le plan SHF, FK perpendiculaire à SF, cette ligne sera la normale au point F, et rencontrera l'axe de l'essieu au point K, et la ligne HK sera égale à la ligne O'D dans la fig. 2 tout à l'heure considérée. Or, on a : $HK = \dfrac{HF}{tg\,\mu} = \dfrac{r}{tg\,\mu}$ à cause de l'égalité des angles en F et en K. Ainsi $O'D = \dfrac{r}{tg\,\mu}$. Substituant cette valeur dans la proportion précédemment obtenue, on obtient : FD ou $a = \dfrac{cr}{R\,tg\,\mu}$. Remplaçant a par sa valeur dans l'expression de 2 AE trouvée plus haut, on obtient définitivement $2\,AE = 2\,d + 2\,\dfrac{c^2}{R^2} \times \dfrac{r}{tg\,\mu}$.

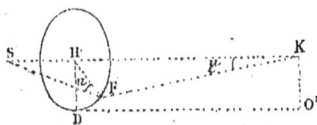

Fig. 4.

On prend ordinairement $tg\,\mu = \dfrac{1}{4}$,

on a alors : $\qquad\qquad 2\,AE = 2\,d + 8\,\dfrac{c^2}{R^2}\,r.$

Le jeu $8\,\dfrac{c^2}{R^2}\,r$, qu'il faut donner à la voie pour permettre le libre passage des boudins, est donc indépendant de la largeur de voie et ne dépend que du rayon des roues, du rayon de la courbe, et de l'écartement des essieux.

Le jeu que l'on donne ordinairement est de 0ᵐ,02. Voyons quel écartement d'essieux il permettra de donner dans une courbe de 40 mètres de rayon avec des roues de 0,685 de diamètre, comme celles de la machine n° 2. Il suffira de résoudre, par rapport à c, l'équation

$$8\,\frac{c^2}{1600} \times 0^m,3425 = 0,02$$

On trouve $\qquad c = 3^m,39, \text{ ou } 2\,c = 6^m,78.$

Ainsi, le jeu ordinaire de la voie permettrait à une machine à écartement d'essieux de 6ᵐ,78 et à roues de 0ᵐ,685 de diamètre, *disposée comme l'indique la fig.* 2, dans les courbes de 40 mètres de rayon du Mont-Cenis, d'y circuler sans toucher les rails extérieurs. S'il y avait un essieu intermédiaire, le boudin de la roue *intérieure* de cet essieu viendrait toucher le rail intérieur pour un écartement bien inférieur à celui-là, et c'est réellement cette condition qui limiterait l'écartement des essieux extrêmes, s'il n'était pas toujours possible de supprimer le boudin des roues du milieu. En admettant cette suppression, et en s'imposant la condition que le bandage des roues intermédiaires ayant 0,14 de largeur ne cesse pas de porter sur le rail, dont la surface de roulement a 0,06, on arriverait à un écartement d'essieux extrêmes de 5ᵐ,06, plus que suffisant pour les machines à rail central les plus puissantes.

Mais il faut bien remarquer que ces résultats supposent que la machine se *centre* d'elle-même dans les courbes, c'est-à-dire s'y place de telle sorte que le rayon tracé perpendiculairement à son axe longitudinal le rencontre au milieu de sa longueur. Cette condition ne peut être remplie d'une manière générale, quels que soient les vitesses et les surhaussements, qu'en guidant la machine sur l'axe de la voie soit par le contact continuel des boudins des roues contre les rails, d'où résulterait une énorme frottement, soit par l'emploi des galets, roulant contre un rail central.

On voit donc que l'application des galets de friction aux véhicules, et des roues horizontales aux machines, donne le moyen de remplacer par un frottement de roulement toujours très-faible la résistance due au frottement des boudins extérieurs contre les rails. Cette résistance ne disparaît pas entièrement dans le système des essieux convergents (système Arnoux, Roy, etc.). Elle n'est qu'atténuée, le frottement des boudins se faisant en des points plus rapprochés de la verticale qui passe par le centre de la roue, ce qui diminue le bras de levier de ce frottement.

Reste le glissement dû à l'inégalité des chemins parcourus, glissement que les systèmes à essieux convergents font disparaître entièrement. Il est aisé de voir que le système du rail central peut également s'en affranchir.

Il suffit, en effet : 1° de donner aux bandages une conicité telle que les circonférences de roulement maximum et minimum soient dans le rapport des longueurs des rails intérieur et extérieur des courbes les plus faibles ; 2° de donner à la demi-largeur de voie placée à *l'intérieur* de la courbe, par rapport au rail central, un supplément de largeur tel que le bandage des roues intérieures roule sur la circonférence minimum, si l'on est dans les courbes les plus roides, ou sur la circonférence convenable, si l'on est dans une courbe de rayon plus fort.

NOTE G.

Le capitaine Tyler a évalué à 7 ou 8 ans le délai nécessaire à l'achèvement du souterrain de Modane, sans tenir compte des pertes de temps que pourront amener les difficultés de l'aérage et de l'épuisement des eaux, et non compris, ajoute-t-il, le temps que pourra demander l'achèvement des travaux à exécuter aux abords du souterrain.

Cette dernière prévision a donné lieu à quelques observations : n'est-il pas évident, a-t-on dit, que l'on pourra prendre les mesures nécessaires pour que l'achèvement des travaux des abords coïncide avec celui du souterrain du Mont-Cenis?

On oublie, en répondant ainsi, que ces travaux des abords ne sont autres que l'exécution de 56 *kilomètres de ligne exceptionnellement difficile*, comprenant d'*immenses tranchées, plusieurs souterrains de 3 à 4 mille mètres, dans des terrains très-résistants ou perméables aux eaux* : à tel point que, si l'on calcule sur 7 ou 8 ans pour l'achèvement du grand souterrain, il ne serait que temps de se mettre en besogne dès à présent; qu'il y a, en un mot, sur la durée de l'exécution de ces travaux, un imprévu presque aussi grand que sur celle du souterrain principal. D'où suit évidemment la possibilité d'un mécompte et de retards dus à l'achèvement des abords.

Mais admettons qu'on puisse prévoir mathématiquement le moment auquel il faudrait commencer ces travaux pour aboutir précisément à la même date pour leur achèvement et pour l'exécution complète du grand souterrain. Il ne faut pas oublier que les travaux du souterrain sont conduits, en régie, par le gouvernement italien, et que ceux des abords regardent deux compagnies financières, le Victor-Emmanuel et les Lombards. Voilà 15 ans que l'on dit tous les ans à ces compagnies : « Le souterrain sera achevé dans 5 ans[1].» Il est difficile que ces compagnies partagent la confiance inébranlable des agents du gouvernement italien, et que, même sous la pression des gouvernements dont elles dépendent, elles se décident à immobiliser un capital de 25 à 30 millions, dont la rémunération est subordonnée à un événement qu'elles sont, il faut le reconnaître, autorisées à considérer comme incertain. Évidemment elles ne commenceront, j'entends d'une manière sérieuse, leurs travaux, que le jour où il y aura pour elles certitude absolue, mathématique, de l'achèvement et de la mise en exploitation du souterrain. Il n'est pas probable que ce jour précède de beaucoup la rencontre des deux ateliers de mineurs encore séparés l'un de l'autre par l'énorme épaisseur de 7,500 mètres. Les réserves du capitaine Tyler sont donc fondées de tout point.

Mais il y a plus ; en évaluant à 7 ou 8 ans le temps qui nous sépare encore de cette rencontre, on a fait abstraction du temps nécessaire à l'élargissement et au muraillement du souterrain, et l'on a été extrêmement large dans l'appréciation de la vitesse du percement. Nous nous proposons de présenter à cet égard quelques appréciations un peu plus rigoureuses.

L'ingénieur en chef du département de la Savoie, M. Conte, chargé de la surveillance des travaux du souterrain, a publié un travail dans lequel les épaisseurs des divers terrains que doit traverser le souterrain sont classées de la manière suivante, en partant de Modane :

1° 1,500 à 2,000 mètres de calcaire anthraciteux ;
2° 400 à 600 mètres de quartz en roche ;
3° 2,000 à 3,000 mètres de calcaire massif ;
4° 7,000 à 8,000 mètres de calschiste ;

En admettant que chaque atelier perce la moitié de la longueur, il y aura 6,110 mètres à percer du côté de Modane.

Le 30 juin dernier, il y avait 2,105 mètres de percés ; restent donc 4,005 mètres qui se décomposent en :

500 mètres de quartz à 0ᵐ,75 par jour. . . .	666 jours.
2,500 mètres calcaire massif à 1 mètre par jour.	2,500 —
1,005 mètres calschiste à 1ᵐ,50 par jour. . . .	670 —
4,005 mètres	3,836 jours.

Soit 10 ans 186 jours. Si l'on ajoute 1 an 179 jours pour l'élargissement, le muraillement et la pose de la voie, on arrive à un total de 12 ans à compter du 30 juin 1865.

M. Conte, dans le rapport déjà cité, dit que la dureté du quartz est telle qu'elle donne lieu de douter de la possibilité de traverser cette roche.

---

1. Nous avons sous les yeux les plans lithographiés du premier projet de la ligne de Saint-Michel à Suze, daté de 1849. On y lit en grosses lettres : « LE SOUTERRAIN PEUT ÈTRE TERMINÉ EN CINQ ANS. »

Des mesures prises avec soin le 7 août dernier établissent que du 12 juin, date où on a rencontré le quartz, jusqu'au 7 août, on avait percé 14 mètres, ce qui donne une moyenne de 28 à 30 centimètres par jour. 0m,75 sont donc une estimation très-large de la vitesse du percement dans cette roche.

Pour les autres roches, il résulte des rapports officiels qu'on n'a jamais fait en six mois consécutifs plus de 1m,87 par jour, et pour douze mois, plus de 1m,50 dans les terrains les plus favorables. On ne peut donc compter plus de 1 mètre par jour dans le calcaire massif, roche très-dure; quant au calschiste, roche plus résistante que le calcaire anthraciteux, et qui doit être percée à une distance de 5,000 mètres de l'entrée du souterrain, au lieu de 2,000, distance actuelle, il n'est pas probable qu'on doive compter plus de 1m,50 comme vitesse d'avancement.

Nous répétons que nous laissons de côté les difficultés croissantes auxquelles donnera lieu l'aérage, et celles que l'on n'a pu prévoir. Nous nous contentons de rappeler que le front d'attaque est aujourd'hui à plus de 40 mètres au-dessus de l'entrée du côté de Modane, et que de nouvelles dispositions deviendront bientôt nécessaires si l'on veut refouler d'une manière efficace les gaz méphitiques sur une hauteur aussi considérable[1].

NOTE **H**. — *Sur la comparaison de l'effet utile du système à rail central avec celui du système pneumatique.*

Un système, patronné par plusieurs ingénieurs très-éminents, est en ce moment l'objet d'études suivies en vue de la traversée des principaux passages des Alpes helvétiques. C'est le système pneumatique; il consiste à établir sur les versants des faîtes à franchir des tubes en maçonnerie dans lesquels on lancera, au moyen de machines à refouler l'air, une colonne d'air à une pression suffisante pour pousser devant elle le convoi, muni en tête d'un piston garnissant toute la section du tube, sauf un certain jeu nécessaire pour éviter les chocs contre les parois du tube.

Sans entrer dans l'examen détaillé de ce système, qui vient d'être décrit et apprécié dans un travail très-remarquable de M. Daigremont[2],

1. Nous apprenons que de nouvelles dépenses, évaluées à 300 mille francs, vont être faites pour l'installation de nouveaux appareils de ventilation, les premiers étant décidément insuffisants.

2. *Étude sur les chemins de fer atmosphériques* (Turin, Civelli, 1865).

directeur des travaux et de l'entretien des chemins de fer de la Haute-Italie (société des Lombards), et qui exige l'emploi de machines soufflantes de 3 à 4,000 chevaux de force, machines dont il n'existe aucun précédent, nous nous bornerons à comparer l'effet utile attribué au système par ses partisans (évaluation qui ne repose sur aucune expérience préliminaire), avec l'effet utile que nous avons déterminé pour le système à rail central, comme résultat des expériences de M. Fell.

Nous trouvons, page 57 du mémoire de M. Daigremont, un calcul, établi dans l'hypothèse d'un tube de 12,500 mètres de longueur, à l'inclinaison de $0^m,080$ par mètre, d'un jeu de 0,05 entre le piston et les parois, et d'un poids de 200 tonnes pour le train, et d'où résulte un effet utile de 42 %.

Si l'on compare ce résultat avec ceux du tableau n° 2 (page 54), tableau basé, nous le répétons, sur des faits d'expérience, nous trouvons que, pour cette même pente de $0^m,080$ par mètre, l'effet utile du système à rail central s'élève à 62 % environ, avec une adhérence de 0,10 seulement.

Nous nous bornons à cette comparaison, en faisant remarquer toutefois que l'hypothèse d'un jeu de 5 centimètres seulement entre le piston et le tube paraît excessivement favorable. Il est difficile, en effet, d'admettre que l'usure des bandages et des rails, les déplacements de la voie, l'élasticité et les dislocations d'un piston qui n'a pas moins de $4^m,60$ de diamètre, enfin les déformations inévitables d'un tube en maçonnerie établi à fleur du sol et exposé aux variations atmosphériques, aux accidents de toutes sortes que comporte l'altitude de 2,000 à 2,500 mètres au-dessus du niveau de la mer, ne viennent pas à altérer sensiblement le jeu primitivement établi et à introduire dans le calcul un élément qui en détruirait toute l'économie, nous voulons dire le frottement et les chocs du piston contre les parois nécessairement fort rugueuses d'un tube en maçonnerie d'une aussi grande dimension.

LÉGENDE DE LA MACHINE.

a, a, a, a roues horizontales.

$b, b, b...$ ressorts en spirale pressant sur le cadre mobile f qui porte les boîtes à graisse des roues horizontales.

c roue dentée calée sur l'arbre d, et qui reçoit son mouvement d'une vis sans fin dont la manivelle est à portée du mécanicien, et qui n'est pas représentée pour éviter la confusion des lignes.

d arbre portant deux vis à filets contraires et dont la rotation, dans des écrous portés par les deux pièces g, produit le rapprochement de ces pièces et par suite la tension des ressorts.

qq entretoises servant de guides aux bâtis mobiles ff.

ff bâtis mobiles le long des entretoises qq, et portant les boîtes à graisse des roues horizontales.

gg poutres en acier pouvant presser les ressorts b, b, b.

h arbre horizontal à mouvement alternatif, et qui reçoit son mouvement du prolongement l, l des tiges de pistons.

kk manivelles calées sur l'arbre h et recevant de cet arbre un mouvement alternatif.

ll prolongement des tiges de piston.

mm fausses bielles donnant un mouvement de va-et-vient aux tiges nn.

rr supports des tiges nn.

nn tiges à mouvement de va-et-vient donnant leur mouvement aux bielles pp.

pp bielles à fourches transmettant aux manivelles des roues motrices verticales un mouvement de rotation identique à celui des roues horizontales.

Tableau graphique N° 2

Donnant les efforts de traction nécessaires avec une adhérence de 0.18 pour le tirage sur diverses rampes, d'un train utile de 100 tonnes par la machine ordinaire, la machine à rail central avec K= 1.8, et la locomotive Agudio

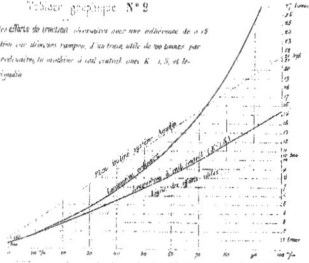

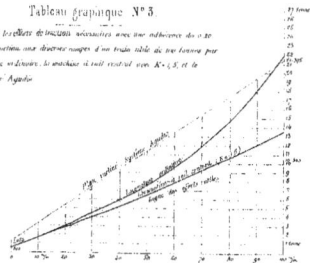

Tableau graphique N° 3

Donnant les efforts de traction nécessaires avec une adhérence de 0.30 pour la traction sur diverses rampes d'un train utile de 100 tonnes par la machine ordinaire, la machine à rail central avec K= 1.8, et la locomotive Agudio

Tableau graphique N° 5

Donnant les efforts de traction nécessaires pour remorquer sur diverses pentes, à l'adhérence 0.10 un train utile de 100 tonnes

1° Avec la machine ordinaire marchant à la vitesse de 30.612 m à l'heure

2° Avec la machine à rail central (pour K= 1.8) marchant à la vitesse de 10.240 m à l'heure

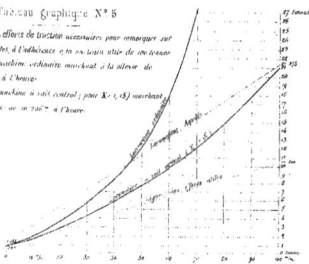

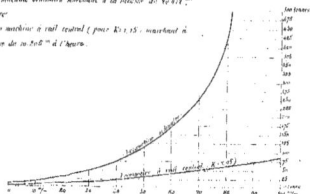

Tableau graphique N° 6

Donnant le poids de machine nécessaire pour remorquer sur diverses pentes, à l'adhérence 0.10, un train utile de 100 tonnes

1° Avec la machine ordinaire marchant à la vitesse de 30.612 m à l'heure

2° Avec la machine à rail central (pour K= 1.8) marchant à la vitesse de 10.240 m à l'heure

Chemin de Fer du Mt Cenis
Locomotive, Système FELL

Échelle de 0m,011 pour 1 mètre

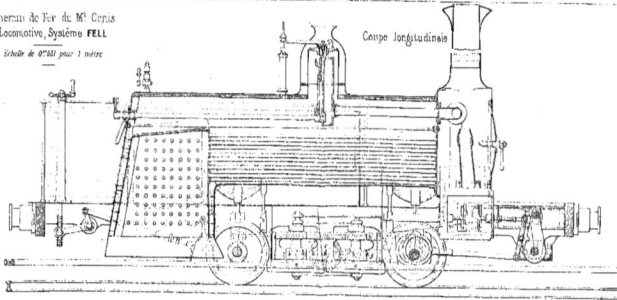

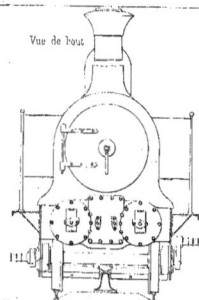

Coupe longitudinale

Vue de bout

Plan et Coupe horizontale

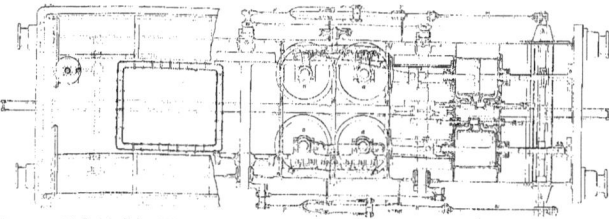

Coupe transversale par l'axe de la boîte à feu

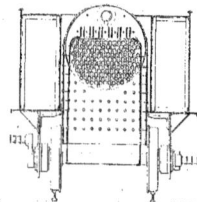

Paris. — Imprimerie de P.-A. BOURDIER et Cie, rue des Poitevins, 6.

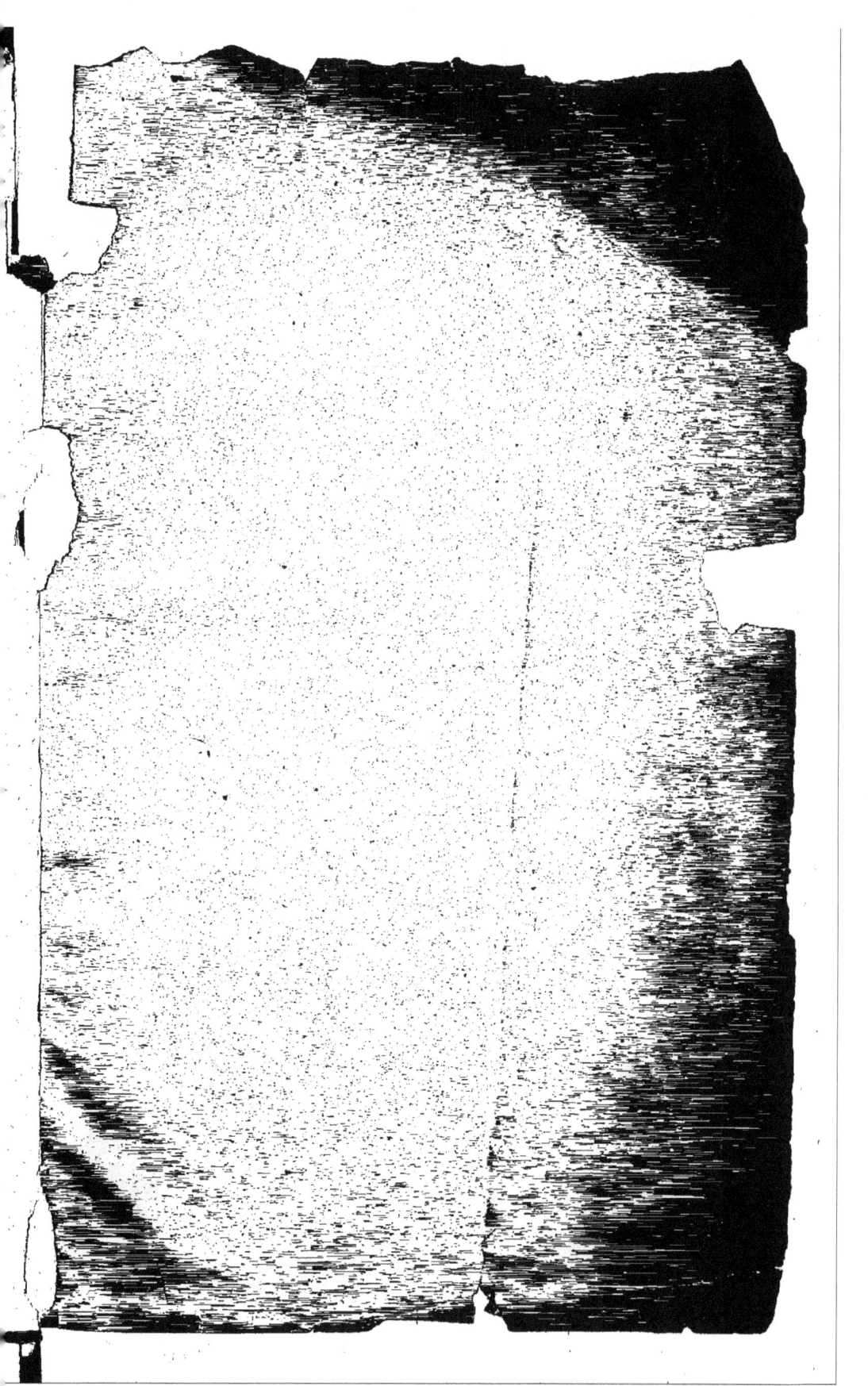

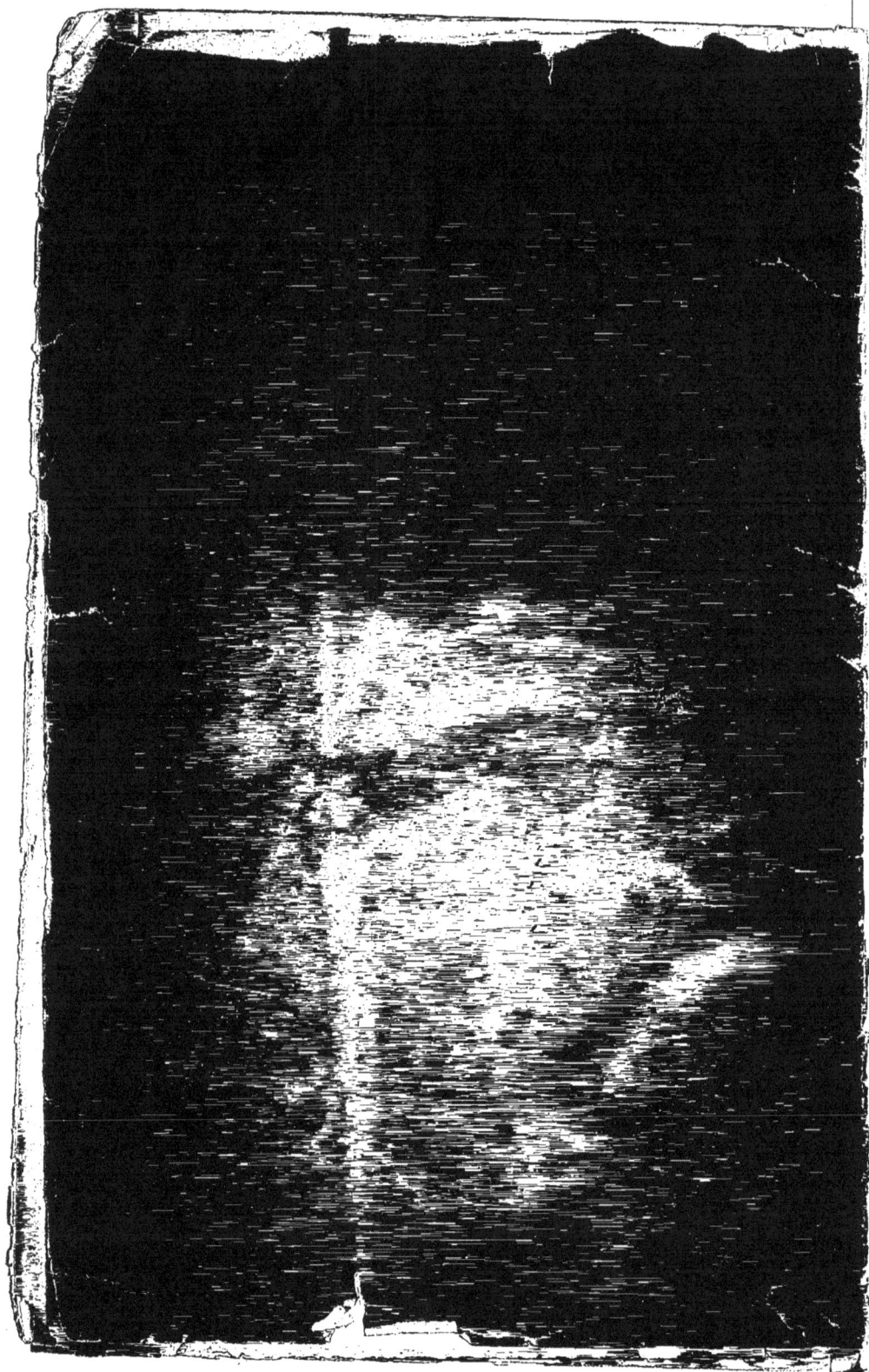